JN282055

# 就活のまえに

良い仕事、良い職場とは？

中沢孝夫 Nakazawa Takao

★――ちくまプリマー新書

126

# 目次＊Contents

# はじめに

社会に船出する前の若者にとって大切なこととはなんだろう。就職が決まった学生が内定した会社に「入社までにどんなことをしておけばよろしいでしょうか」と聞くと、返ってくる確率が高いのは「社会人になったらなかなかできないことをするといいですね」という答えです。

若者が勤めをもった社会人と異なるのは、自由に使える時間が豊富にあるということです。もちろん生活費と学費のすべてを自分で稼ぎ出している学生もまれにはいますが、多くの学生は社会人よりも時間があるはずです。ですから勉強はもとよりのこと、旅行をする、映画を観《み》る、本を読む、スポーツをする……となんでもよいのですが、学生時代は「時間を必要とすること」に積極的に取り組むことが大切です。そしてそのことが、良い社会人になる基礎となります。しかも何かに熱中した経験のある学生こそ「良い職場」に就職するものなのです。

社会に出ると、まず勤務先での仕事があって、それはすべてに優先されるといっても過言ではありません。もちろんそのことは、つらいとか、大変ということだけではなく、自分を成長させ、場合によっては達成感といったことも得られるのです。

とはいえ学生たちの中には、自分が進むべき方向や、従事したい仕事、あるいは就《つ》きたい職業をイメージできない人がたくさんいます。というより「適職」があらかじめわかっている人はごく少数といってよいでしょう。それは「夢がない」ということではありません。漠然とした「あこがれ」や「不安」をだんだん絞り込み、具体化させていく作業が「自分を成長させる」ことにつながるのです。

私は二つの大学で十年間ほど「就職指導」にたずさわってきました。その間多くの思い出があります。第一希望をゲットした学生と乾杯したり、二次希望、三次希望と後退しながら、それでも「働く以上は」と気分をリセットする学生に、仕事やキャリアのこと、あるいは社会の仕組みなどを説明しながら、「人生の勝利や喜びというものは、長い時間をかけないとわからないものなのだ」などと話したりしてきました。

そして何人かの学生にそそのかされました。「先生、本を書くべきですよ。働くとは、良い職場とは、自分を成長させるとは、と私たちの後輩に向けて書くべきです」と。

この本はさまざまな事例を紹介しながら「仕事とは何か」「職場とは何か」ということを「働いている人々の言葉」を通して書いたものですが、私（筆者）が伝えたかったのは、実際の仕事とはどういうものなのかということです。もちろん「抽象的」な「概念」も書きましたが、しかしそこには必ず背景となる事実があります。しかもそのことは「就職活動をする前に知っておいたほうがよい」ことでもあると確信しています。

内容を簡単に紹介します。

まず中小企業や大企業の職場を見ながら、長期に働いている人たちの、日々の仕事の中身と、働いているときの気持ちなどを記録しました。それは働くことの大変さや、それを克服することによって得られる達成感などについて確かめるためです。また近年は「国際化」ということがあらゆる場面で言われますので、現実の「職場の国際化」や「働き方の国際化」についても考えてみました。

働く、ということを考えるとき、決まって言われるのが「自己実現」です。しかし多くの人間は働くということを含めて、「自己」を長い時間をかけてつくるのが実際であって、あらかじめ「実現すべき自己」があるわけではありません。また自己を表現するにしても、それには他者との間に共通する価値観をもつ必要があります。

そのことに関連し、東京の大田区で工場を経営する人の仕事をたどってみました。周辺の信頼によって起業した人の物語ですが、この人は十二歳で職業生活をスタートさせました。戦前までの日本では、十二歳や十三歳で家を出て働き始めるのが普通だったのです。現在でも開発途上国では児童労働が一般的です。豊かな国になればなるほど、人間は教育期間が長くなり、社会に船出をする年齢が遅くなります。生産力が低く貧しい国では、「進路」で悩む人は少数です。まず食べるために働かねばなりません。そこには「自己実現」などという言葉はありませんでした。

共通した価値観というのは、家庭や職場あるいはもっと広い「社会」といった共同体で作られるものですが、それを知るには「継続した時間」が必要です。つまり何年間か同じ仕事に従事したり、何年間か仲間やライバルと付き合いながら育てるものであるといってよいものです。それゆえ、一つの場所に定着していない「フリーター」や「ニート」と言われる若者に関して、世間は肯定的な視線を向けません。

しかしそうした世間の視線にたじろぐ必要はないでしょう。今の大人たちを含めて、ほとんどの人たちが、職場を二、三回は変えるものなのです。つまり転職こそが普通なのです。近年になって非正規就労が話題になっていますが、データをしっかりと調べてみますと、昔も今も若者の職業行動に変化はありません。三十歳くらいまでにどこかに定着すれば十分であり、現に多くの若者がそうしています。世評と事実とは異なっているのです。

さて、近年は就職情報産業が発達している関係で、「就活」（シューカツ）が盛んです。学生の側は情報を必死になって集めています。それは「採用活動」（サイカツ）の側も同じかもしれません。しかし断言しますが、「情報」の多くが無意味なものです。企業が求める人物は「就活のハウツー」を身につけた学生ではありません。もちろんエントリーシートの書き方などで若干のテクニックは必要ですが、それにしても表現すべき自分がなければ意味はないのです。

そこで、銀行の総合職に決まった女子学生のエントリーシートと面接を詳細に点検しながら、会社側の「目線」を確かめてみます。そして仕事とは「人」の問題であることを、長野県の物流会社を通して考えると同時に、いつもの「決まった仕事」の中から「新しい仕事」を考え出すことの意味を探ってみます。

その次に物流関係企業や航空会社、あるいは自動車メーカーに勤める私（筆者）の友人たちとの討論の中から、「企業が求める人間像」をスケッチしてみました。この「人間像」を、その後たくさんの企業の関係者に確かめたところ、おおむね賛同が得られました。大切なのは「こいつといっしょに働きたい」と思われる人物です。

企業は学生に「コミュニケーション能力」を求めています。それは「理解する能力」と「説明する能力」のことです。そしてもう一つは自分自身に「軸」があるかどうかです。何かに一生懸命に取り組んだ人間にはそれがあります。それは音楽でもスポーツでも何でもよいのです。また、ちゃんと勉強した人間もそれを獲得することができます。「軸」を別の言葉で言うと「根拠地」ということになりますが、とにかく「自分をしっかり見てくれ」と相手と向かい合える自分を育てることが大切です。そのための手がかりになる本や映画を少しだけ紹介しました。それは主に人間の成長や生き方に関するヒントになるはずです。

働く場所は無数にありますが、その中には「良い仕事」と「良い職場」があります。長くそこで働くことが可能で、かつ人間として成長させてくれるところが「良い仕事」であり「良い職場」です。しかし誰《だれ》にでも共通する「良い場所」があるということではありません。また仕事それ自体は肉体的、精神的につらいことが多い職場であっても、仲間との関係や自分自身の積み重ねによって「良い場所」へと変化させることも可能ですし、あるいは逆に仕事に特別な意味を求めないという生き方もあります。しかし、社会で積極的に生きて行くためには、なるべく仕事を「良い」ものにしたほうが楽しいといえるでしょう。

また実際の職場にはいつも厳しい競争が待っています。それゆえかえって「公平」とか「平等」といった問いかけや、それに向かっての営みが職場にはあるのです。ここでは日本とアメリカの職場を事例に「競争」とか「仲間」といったことを考えますが、けっこうどこの国でも職場は共通しているということがよくわかります。そして「人間はいったん手に入れた幸福は手放せない」という苦いエピソードを紹介します。

この本の事例はどちらかというと地味な職場を中心としています。しかし世の中の多くの職場が、目立つことなく外からは見えない地味なものなのです。ですが「良い仕事」の多くは、そのような「普通の仕事」である、ということが、この本で伝えたい最大のことです。

# 第1章　「良い仕事」と「良い職場」

## 良い仕事とは？　良い職場とは？

世の中には無数の仕事と職場がありますが、その中には「良い仕事」と「良い職場」と呼ぶに値するところがあります。

私はこれまでに大企業から中小企業まで約八百社の会社の社長さんや工場の責任者に会って話を聞いてきました。それは会社の経営方針や技術、あるいは人材の育成についての話です。

この章ではまず、八百のインタビューのなかから浮かび上がってきた「良い仕事」と「良い職場」の特徴点を書こうと思います。もちろん「良い」「悪い」は主観的なものですが、私がこの場で「良い」というのは、長期にわたって本人が努力する限り、成長を助ける仕組みを持っている職場のことです。企業が社会に提供している品物やサービスに、新しい価値を付け加えるためには人材育成は絶対条件です。

職場には楽しくない仕事がたくさんあります。というより、創造的でエキサイティングといえるようなことは少ないと言ったほうが現実的です。しかし一見すると楽しそうではなく、また事実、肉体的にも精神的にも苦痛を伴うような仕事であっても、十年、二十年という時間幅で考えると、まったく別の意味をもってくるのが「仕事の不思議さ」でもあるのです。

単純そうに見える仕事でも、決してそんなことはなく全体との関連のなかで、長い時間をかけることにより、達成感や感動を手にすることができたりします。

それゆえ良い会社は、一年後、三年後、そして十年後といった時間幅での成長の目標を示すことができるのです。もちろん、自分で「こうなりたい」とか「ああなりたい」といった目標をもつことはもっと大切かもしれません。生きていく上で、目標や夢をもつことは欠かせないことなのです。この本では現実の職場の事例を通して、つらいことや楽しいこと、あるいは夢をもつことなどの意味を書きたいと考えています。

またその良い職場には、必ずといってよいほど「目標となる人物」がいます。つまり

「ああいう人になりたい」と思えるような先輩がいるものなのです。そういう意味で、大学生に向かって「即戦力」を求めるような会社はいかがなものかと思えます。きっと体当たりの飛び込み営業か、それに類する仕事が主な会社でしょう。もちろん世の中にはそういう仕事もあり、それに向いた人がいるのも事実です。

ところで、「良い仕事」があるのなら「悪い仕事」もあることになりますが、それは当然です。職業に貴賤《きせん》はない、といいますがお勧めできない場所があります。犯罪にかかわるとか、違法行為すれすれといった仕事は論外としても、それ以前のもっと手前で、会社の善《よ》し悪《あ》しを判断する材料があります。例えば会社の歴史が二十年、三十年とあるのに、平均勤続年数が二、三年と短いとか、あるいは平均年齢が若すぎるような（二十六歳とか二十八歳といった）会社も要注意です。どんどん人が辞める会社は社員を使い捨てにする会社です。若い仲間が多い会社は結婚相手が見つけやすいのではないか、などと考えると失敗するでしょう。

また、会社説明会に登場するような職種や人物は、一種のショーウィンドウのようなもので、現実の会社にはほとんど存在しない職種であり、人であると思ったほうがよさそうです。

以上のようなことを考えながら、世の中の普通の職場の「働き方」や「職場の中身」について以下で検討したいと思います。まず最初に、外からは見えにくい仕事の事例を紹介します。

## 国際的な仕事を担う

最近はグローバル化とか国際化という言葉が飛び交っています。最初に、企業の国際関係の仕事に従事している女性の話を聞いてみましょう。

国際的な業務というと派手なイメージがありますが、実はどちらかというと地味なものなのです。まず福井県にある工作機械メーカーの㈱松浦機械《まつうらきかい》の営業本部の国際関係の部署で働いている北島さおりさん（一九七五年＝昭和五十年生まれ）に登場してもらいます。彼女は、一九九八年に入社しました。もう勤続十年を超えているので、そろそろベテランと言ってよいでしょう。

北島さんは京都にある外国語大学を卒業し、地元にＵターンで就職をしたのですが、入社して最初に就《つ》いた仕事は機械をつくる現場でした。それは機械の種類や部品の名前、そして技術者の名前や顔、職場の雰囲気といったことを覚えるために欠かせないものでした。製造業の場合はどこも同じで、クルマでも家電でもモノ作りの会社は、まず一カ月から三カ月は現場で働くのが普通です。現場を知らないと対外的な仕事もまたできないからなのです。

北島さんは中学生の頃《ころ》から英語が好きで、英語圏の人と関《かか》わる仕事がしたいと思っていたそうです。松浦機械を選んだのは、中国とか特定の国に特化することなく、北米、ヨーロッパ、アジアと幅広く関わっている国際的な企業であるのが決め手だったとのこと。なるほど松浦機械の場合、日本の国内向けの売り上げは全体の三〇%程度であり、欧米二十カ国の取引先に代理店をもっていて、相手は世界中です。日本の工作機械の性能は世界の先端であり、どのメーカーも輸出をしていますが、これほど国際化している工作機械メーカーは少ないといえるでしょう。

とはいえ北島さんは「工作機械」についての知識はありませんでした。しかし北島さんの場合はそれでもよかったのです。**問われていたのは潜在力だったから**です。

## 潜在力を現場で発揮

工作機械はマザーマシンといわれており、機械をつくるために欠かせない機械です。また松浦機械のつくるマシニングセンターは複合工作機械と呼ばれるものですが、工場の専門的な話は割愛しましょう。この本の大切な部分ではありません。

北島さんは現場で工作機械に触れた後、次に機械の取扱説明書の担当になり、日本語の説明書を英訳する仕事に就いたそうです。専門用語を覚え機械の構造を覚えたのは、その部署で働くことによって得られました。現在の海外営業のポジションに就いたのはその後です。この会社の海外営業は北米、ヨーロッパ、アジアと担当が分かれていますが、いまはヨーロッパが担当です。

彼女の日常的な仕事の基本はメールのやり取りから始まります。それは各国の代理店や松浦機械の子会社の担当者から届く問い合わせや見積もり依頼への対応です。

例えば「この仕様でこの製品なら価格はどのくらいか」といった問い合わせです。そこで大切なのは、お客の要望を正確に把握《はあく》することです。お客の要望を設計部門にきちっと伝えないと、注文に応じたことにならないからです。しかし直接やりとりしているのならわかることでも、メールでやり取りしているとわかりにくいところが出てくるのは日本語でも同じです。メールでは相手の表情が見えないし、細かなニュアンスを汲《く》み取《と》ることが難しいのです。

ハイエンド（高級な製品）な特注のお客と、標準化された製品とは異なるのですが、長期間の取引が続くと、それぞれのお客ごとに対応がカスタマイズ化（個別の方法）されてくるとのことです。なるほどきっとそうでしょう。どのような品物も必ず「差別化」があります。クルマをイメージすればわかるように、メーカーによって市場に送り出す製品はみな少し異なっています。それはクルマとか家電製品のような消費者の目に見える、いわゆる完成品だけではなく、消費者の目には見えないような「部品」などの中間品でも同じことです。良い部品をつくる会社とそうでない会社に分かれるのです。

同じ機械を使えば同じ製品がつくれるとは限りません。機械を使いこなす技術者の能力差が出てくるのです。そしてそれぞれの製品の差別化が、機械メーカーへの要望の差になってくるのです。

また注文をいつもデータ化できればよいのですが、北島さんの話では「書類の形式は作れるのですが、そこに何を書くのかは、一枚一枚異なるのです」。つまり「注文を受け取ってからどのようなアクションを起こすのかが問われる」そうです。なるほど、結局個人の能力に帰着するのです。

## お客との妥協点を見つけること

以上の話を「そば屋のメニュー」を例にとって説明します。まずお店独特の「手打ちそば」があって、「もり」と「かけ」が基本ですが、上に天ぷらをのせるか、油揚か、それとも山菜か、とお客の好みによって応用があります。航空機メーカー、医療機器メーカー、その他精密機械メーカーといった違いによって注文の品が異なるのです。もちろん「大盛り」といったことや「天ぷらの具」に好みがあったりもします。

それでもお客が直接工場にきてくれる場合はまだよいのです。好みをしっかり聞き出すこともできますし、お勧め品を話し合うなど、お互いの意見・要望をじっくり交換することができます。しかしそば屋と異なるのは、「出前」の相手が遠いことです。それとソフトウエアと機械のメカニズムがどんどん進化するので、覚えねばならないことがとても増えます。つまりメニューがどんどん豊富になるのです。

その豊富なメニューをお客様にお知らせする場所は当然、全世界です。ヨーロッパでは二年に一回、ドイツのハノーバーとかイタリアのミラノで機械の展示会があります。日本でもビッグサイトで二年に一回開かれます。またアメリカのシカゴでも日本と同じ年に開かれます。つまり毎年、いつもどこかで新製品のショーが開かれているのですが、新しいお客との出会いはそうした場所です。そこで松浦機械の新製品を理解してもらうのです。

そして最も肝心なのは「納期」です。頼んだのにいつまでたっても届かないので、「まだか」と問い合わせると「いま出たのでもうすぐ届きます」というのが、そば屋の定番ですが、工作機械もそんなところがあります。国際営業が注文を受けて、実際にものをつくる担当者に代理店の要望を伝えますが、工場の忙しさはいつも違います。調整は生産管理室が行うのですが、「三カ月では無理、五カ月でなんとか」といった納期でお客と妥協点を見つけなければならないのです。

しかも松浦機械の内部だけでは用が足りません。部品をつくる協力メーカーとの調整はあるし、細かなオプションの差（天ぷらと油揚といったような）もあります。忙しいときはそれが何十と同時進行するのです。しかし忙しいときはまだよいのです。不景気になると、問い合わせはあっても受注につながらなかったりもするのです。つまり一生懸命やっても利益につながらないのです。

また工作機械というのは工場の生産能力と仕事量が釣り合わない典型的な産業です。日本の工作機械の生産額は景気の良いときには全体で一兆五千億円くらいの売り上げになるのですが、悪いときには六千億円くらいになってしまうのです。振れが極端な産業なのです。とくに二〇〇八年秋のリーマン・ショック以降のような景気後退が訪れると、全体で四千億円くらいになってしまう可能性すらあります。つまり仕事量がピークの四分の一になってしまうのです。残業に次ぐ残業と土日の休日出勤といった忙しい日々のあとに、残業もなければ週休が三日といったことがあったりします。もちろん〇八年の暮れから〇九年は歴史的な例外期と思われますので、少し極端です。

ただ、どのような業種でも同じですが、**お客との「妥協点を見つける」のは本当に難**

しい**作業**なのです。

## 採用の要点は？

ところで㈱松浦機械の管理本部のゼネラルマネージャーである上村誠《うえむらまこと》さんに、採用の要点を聞いてみました。「面接のときは大学時代のことを聞きますが、アルバイトの経験などを話されても困りますね。専門の中でどんなテーマになぜ興味をもったのか、といったことが大事です。しかしそれにしても最近は女子学生というか、女性に能力のある人が増えましたね」とのこと。この女性の進出はデータ的にも裏付けることができるのですが、どの会社に行っても同じ反応です。

次に北島さんに、学校時代のことを聞いてみました。どんな科目が好きだったのですかと。

「心理学でした。小津安二郎《おづやすじろう》の映画をみて、それぞれの登場人物の心象風景を分析したりしたのです。あるいは考古学でエジプトの専門家からピラミッドやエジプト文化のことを学んだことが、遠くのほうで役に立っています」

きっとそうでしょう。**知識は厚みが必要なのです。**一見すると、遠いと思われる事柄や知識が地下水のようにつながっていることに気がつくことがよくあるものです。

ところで、高校卒業者の「雇用悪化」については第5章で触れますが、この会社の場合を質《ただ》してみたら「毎年、工業高校から数人採用しますが、全員が定着しますよ。NC（数値制御による機械の加工方法）から順々に機械操作を覚えて四年か五年で一つの機械を任されるようになりますね」（上村さん）とのことでした。大切なのは人材の質そして育成方法でしょう。また、とくに工業高校の場合は伝統的に進路指導がしっかりと行き渡っているので、いわゆる「ルート」が出来ています。その場合は採用する側も若い人の人材育成の仕組みのノウハウをもっています。

さて㈱松浦機械のことですが、この会社は資本金とか従業員で見ると法律上は中小企業です。従業員数は二百九十人。資本金は九千万円です。しかし技術は世界有数です。**「良い職場」は企業規模とは無関係である**ことを頭に入れておいてください。

## 楽しくない仕事をどう乗り越えるか

次に、工場の現場の例を紹介しましょう。当然のことですが、世の中には「絶対に必要」な仕事だが、さしあたって楽しくない仕事というものがあります。しかしその中には「働く」ということを考える上で忘れられないエピソードがいくつもあります。それはこんなことです。

もう十五年も前のことですが、当時は東京・大田区の工業団地、城南島に工場を構えて「超硬の素材」を加工していた東京ダイスという会社がありました（今は大きくなって横浜の工業団地に引っ越しました）。ダイスというのは金型の一種です。

あるときその工場長さんに超硬合金の「研磨」の話を聞きました。超硬合金は厳寒、灼熱《しゃくねつ》、高圧、耐水、耐酸、耐摩耗、といったどのような「環境」にも耐えて、狂うことのない機械をつくるのに必要な素材です。その機械というのは各種の測定器などをつくるのに必要なものです。測定する、つまり「はかり」です。「はかり」は狂ったりしては困ります。

その工場長さんの仕事は、部品の加工でした。ベアリングとシャフトの間の三ミクロンから五ミクロン（一ミクロンは一ミリの千分の一）といった隙間《すきま》が勝負どころといった細かい仕事でした。綿ぼこりとか糸くずでも千分の五ミリの直径がありますから、三ミクロンという単位はとても小さなものでした。

工場長は「機械も十ミクロンや二十ミクロンは狂います。しかしそれは使いこなすことによってクセを知り、音や削りカスの濁りなどを嗅《か》ぎわけて作業するのです。機械の目盛り通りではなく、プラス、マイナスを経験的に判断して、例えばAという研磨機は目盛りの三十ミクロン手前で止めるとか。それも寒いときや暑いときといった季節によっても変化するし、油が温まると油圧が違ってくるし……必要な工具やジグは自分で作るのです」（「ジグ」というのは「押さえるもの」のことです）。

「しかし一回の送りが十ミクロンの研磨を何百回と繰り返していると、飽きてくるのです。そのとき、どうやったらこれを早く終わらせることができるか、どうしたら楽になるかを考えるのです。そんなふうに仕事していると時間がたつのが早いものです」

そうなのです。工場の人たちは早く、正確に、能率よく仕事を進めるためにも自分で必要な道具を考え出すのです。

研磨の仕事も日進月歩で、この話を聞いたときから十五年もたっているので、機械の性能も様変わりしています。ですからこの作業風景はもう変化しています。しかし「働く」ということの「時間」の過ごし方に大きな変化はありません。どのようにしたら、飽きる仕事と付き合ったり、つらいことをやりすごせるか、というのは大きな問題であり続けています。

## トヨタの工場では

次に、大きな工場を例にとってみましょう。その頃に同時にインタビューしたのが、トヨタ自動車の元町工場（トヨタの国内最大の工場だった）の三百人の部下を指導する次長のAさん（一九三三年＝昭和八年生まれ）でした。彼は戦後間もなく地元の中学を卒業してトヨタに入社して、インタビューしたときは退職直前でした。

トヨタは「カイゼン」（改善）で有名な職場です。いつもコストダウンや仕事の能率を「カイゼン」させているといわれています。

A次長さんは「家を出るとき、今日はどういうことをしようか、といつも「カイゼン」することを考えていました。そういうことを思っていないと、会社というのは時間が長く感じられるのです。しかし、例えば、ある工程をどのように自動化して、人手をなくすか、といったことで自分のアイデアが生かされたりすると嬉《うれ》しかったですね」「手持ち時間が多ければ楽しい。ラクだということではないのです」と語っていた。「手持ち時間」とは、空いた時間であり、仕事を待っている時間のことですが、ちょっと考えると、少しでも仕事がなければラクではないかと思われがちなのですが、事実はそうではありません。肝心なのは仕事への関わり方なのです。

それを説明するために、もうひとつトヨタの職場の事例を紹介します。それはBさんです。彼は一九五五年（昭和三十年）に生まれ、十五歳のときにトヨタ工業高等学園に入学し、工場実習などを含め三年間学んだのち、トヨタに入社しました。私がBさんに会ったのは一九九九年の夏でした。もう勤続三十年のベテランでしたが、アメリカ・ケンタッキーにあるトヨタの工場に技術指導に行き、帰ってきたところでした。工場で働いた経験のない人たちに仕事を教えるのは大変なのですが、国際化が進んで、工場が世界中に建設されるようになると、このような仕事が増えてくるようになるのです。

彼もA次長と同じように、たくさんの「カイゼン」提案をして、工場の能率改善に貢献してきた技術者でした。Bさんは私に日々の働き方や「カイゼン」に取り組む意味について、次のように話してくれました。

「創意工夫は無限ですよ。小さなことでいえば、振り向かずに部品や工具がとれるようにする、といったことひとつでもライン速度が変わります。あるいはラインに流れるクルマの大きさが変わったりするだけで、最適なやり方が変わります」

「毎日働いていて〝クソ〟と思ったところに着眼点があるような気がします。クソというのは、きついなあ、やりたくないなあ、と思ったりすることですが、そんなとき、何とかしなくてはと考えてきました。いつももうちょっと人が欲しいな、というギリギリの線でやっていますが、そのギリギリのところで、なんとかカイゼンして人手を浮かせて職場を楽にしたいと思っています」

「あるいは十人でやっていた仕事で、急に二人の休暇者が出たとして、残りの八人で、なりふり構わず十人分の仕事をしたとします。しかしそれはその瞬間的な頑張りであって、それを標準にされたら困りますね」

「またみんなで協力し合って、少しずつ働きやすい職場を作ってきたのに、そこで役職者の配置換えがあって、新しくきた課長がそれを自分の能率上の工夫かのように手柄顔をされたら困りますね。また逆に神様のように良い人が管理職としてやってくると、みんながうんと頑張るということもありますね」

「働きがいということでは、職場というのは、不満とやる気がいつも同居していますね」

よくわかる説明です。工場のベルトコンベアが流れるラインの仕事を見ていると、内装材をクルマの天井に取り付ける作業や、タイヤの四隅をボルトで締めるような作業がありますが、それは「楽しい仕事」には見えません。しかしそれを少しでも働きやすくしようと工夫するのは大切なことだと思うのです。しかもそのような工夫の多くは、仕事がそれまでより楽になることが多いといいます。もちろん意識的にそれを考えているからでもあるでしょう。

私はBさんに「職場で楽しかったことは」と聞いてみました。彼は「いろいろあるけど、一つはケンタッキー工場の立ち上げかなあ。四カ月ほど滞在しましたが、アメリカ人は陽気なので毎日が喧噪《けんそう》の中で祭りのようでした。一緒に行った仲間とアパート暮らしをしましたが、空き缶のなかに毎日一ドルずつ入れて、週末にバーベキューパーティーをしたりしました。また工場仲間のアメリカ人の家に遊びに来いというので行ったところ、鬱蒼《うっそう》とした森の中の邸宅のようなところに住んでいて、ライフルをぶっぱなしても安全と言っていました。ボートを持っていたりもして、アメリカの大きさや豊かさというものを知りましたね」（中沢孝夫・赤池学『トヨタを知るということ』日経ビジネス人文庫）

## 創造性のない仕事のつらさ

トヨタのラインでの労働については、かつて（一九七三年）鎌田慧《かまたさとし》さんという作家が、自ら「季節工」（現在の期間工）として働きながら、その仕事のつらさを『自動車絶望工場』（現代史出版会）という本にして、一躍、有名になったことがあります。その影響の大きかったことを多くの中高年が記憶していますが、英語版なども出版されて、世界的にも反響を呼びました。

鎌田さんはその本の中で、ラインの仕事を「なんと奴隷労働に似ていることか。そしてなんとシジュホス的（ギリシャ神話。終わりのない労働をさせられるコリントの王）なのだろうか。もしそれが何かの罪に対する刑罰だとしたら、何の罪だろうか。労働者が当り前の生活をしようとすることへの罰なのだろうか」と書いています。もう三十年以上も前のことですので、工場の風景は変わっています。しかし鎌田さんが指摘するような作業は世の中にはたくさんあるのです。

私も郵便局で、地域別、方面別に郵便物を区分する作業に就いていたとき、全国の地名と区分する函《はこ》の位置を覚えてしまう（せいぜい半年）と、あとは郵便物の宛先《あてさき》を見た瞬間に無意識に手が動いて区分けをしていました。その作業に「創造性」は一切ありませんでした。実につまらない仕事でした。暮らしのため、という以外に働く理由はないように思えました。

そのとき、時間がたつのを忘れるには、考えごとをする以外に方法はありませんでした。時間が限りなく長く感じられる作業でした。ただ深夜の立ち作業なので体力的には疲れましたが、精神的な疲れはなく、仕事が終われば気分はすっかり解放されたことは事実です。そのことをあとになって考えると、「サービス残業などない」とか「どういえば相手が喜ぶか」といった、「営業的な気の使い方」が不要な気楽さだったということでした。ただ、今になって思うのは、もう少し積極的に作業のあり方を考えればよかったということです。

たぶん数十人の職場の研磨の仕事でも、何千人もの人が働く工場でも、働く人たちの「心象風景」は同じなのです。

## 本を読んで感動し、工場へ

さらに二つか三つの事例を紹介します。ただし結論は先に指摘しておきます。仕事というのは何十年と続く長い闘いであるということ。それゆえ「好きになれない」、あるいはもっと積極的に「嫌い」であるにしても、少しでもマシにすることが可能なら、そのための努力をしたほうがよいのです。努力する余地があるならば、そこに全力を投入すると、道が開けると私は思います。

もうひとつ、小さな職場のことを紹介しましょう。工場で、しかも中小企業というと、景気が良いと採用難に陥るのが普通です。しかしまれにというか、たまに良い人が飛び込んできたりすることがあります。

　東京ダイスのあった城南島で工場を営んでいる大洋機械《たいようきかい》㈱の猪狩洋《いかりひろし》社長から次のような話を聞いたのは二〇〇八年のことでした。そこは遠心分離機などの部品加工をしている工場なのですが、二年前のある日、それまでパチンコ屋に勤めていたという若者が、図書館で小関智弘《こせきともひろ》さん（元・旋盤工、作家）の本を読んで感激したといって「雇ってくれ」と飛び込んできたということです。それから二年、「NC旋盤（数値制御装置を取り付けた旋盤）だけではなく、昔ながらの汎用《はんよう》の旋盤も覚えて、毎日が発見で仕事が面白くてしかたがないと言いながら働いている」といいます。小関さんの『ものづくりに生きる』（岩波ジュニア新書）に、この工場は登場しているので、きっとそれを読んだのでしょう。

　私は小関さんの本の影響の大きさに驚きましたが、たしかに小関さんの本はどれを読んでも「工場の仕事」の意味や楽しさを伝えてくれるのです。

　事実パチンコ屋さんで働いていた、なんていう経験がよいのです。十年以上も前の話になりますが、都内に本社があり、茨城《いばらき》県に工場のある、電気炉で鉄くずなどを溶かして、建築用の鋼材などを作っている会社で話を聞いたことがあります。そのとき採用担当の部長さんは「コンビニやファーストフード店などで働いていて、二十代後半になったくらいの若者を採用しています」と言っていました。というのは「一生の仕事として考えて、最終的に工場を選んだ若者は工場に定着する確率が高い」からであるとのことでした。

## 会社はどのようにして始められるのか

さて、次に自分で起業した例を取り上げてみます。仕事の仕方として自分で会社を始めるというやりかたも当然あるからです。まず「国際」的な起業の例を挙げましょう。

三《み》ツ井伸二《いしんじ》さん（一九五四年＝昭和二十九年生まれ）は、関西の大学で機械工学を学びましたが、現在は長野県岡谷《おかや》市にある㈱丸眞製作所《まるしんせいさくしょ》という「熱処理」の会社に勤める技術者です。熱処理というのは電気などの「炉」で金属を加熱したり冷却したりして、素材の硬度などの性質を変化させ、切削や穴開けなどの加工をしやすくする作業ですが、ものづくりには欠かせないものです。

三ツ井さんがマレーシアで、同じ岡谷市で精密板金（板金というのは金属を曲げたりする作業です）の仕事をしている㈱ソーデナガノという会社のマレーシア工場の敷地の中に工場を開いたのは二〇〇一年のことでした。

三ツ井さんは会社に不満があったわけではありません。ですが会社内で技術を磨き働くだけではなく、ゼロから自分で会社を立ち上げてみたかったのです。しかし日本国内で新規に会社を立ち上げるのはとても難しいと思えました。なぜなら今働いている会社の仕事と「差別化」することが難しかったからです。

しかし三ツ井さんは技術者として、「夢をもちたい」「夢のない企業ではいけない」と思い続けていたと言います。そこで新しいマーケットが広がっている海外での起業、ということになりました。そのとき、「炉」を格安で貸してくれる人など、工場の設立にたくさんの人の協力があったとのことです。

中小企業が海外で工場を立ち上げるパターンはいくつかあります。まず取引先の親会社についていくパターンです。もう一つは、「近い仕事」や「隣の仕事」を始めるパターンです。三ツ井さんの場合は、「ソーデナガノ」の工場の一角に日本から電気炉を持って行って仕事を始めました。

このようにスタートすると、工場を設置する役所への手続きや従業員の採用方法、あるいは技術指導や取引先の開拓といったさまざまなことを、先行している会社から学ぶことができます。

三ツ井さんの始めた「MARUSHIN　ASIA」は三人の従業員でスタートしましたが、今では十二人になっています。取引先も一社から十五社に増えています。またマレーシアだけでなく、インドネシア、タイ、シンガポールと多国間での仕事も増えてきているそうです。

三ツ井さんは「日本と海外という発想ではなく、営業エリアが広がってきたと思っています。為替《かわせ》の動きとか言葉の違いといったハードルはありますが、顧客のニーズに対応するのは、どこにいても同じなのです」と言っていますが、とくに面白いのは「人との出会い」だとのことです。

マレーシアやインドネシアの人はもちろんのこと、東アジアに進出している日本企業の人と、海外で出会うのも面白いとのことなのです。日本では出会えないような地域の人と海外では出会うこともできるのです。

## 職場は不変ではない

私が小関智弘さんと並んで、出版されると必ず読むのは森清《もりきよし》さんの本です。森さんは夜間高校を卒業して、大学の二部（夜間部）を中退した人です。工場の技術者として働きながら、たくさんの現場の話や中小企業の経営のことを文章にしているうちに著作家になり、のちに山野美容芸術短期大学の教授になり、退職前は副学長を務めました。森さんは『働くって何だ』（岩波ジュニア新書）の中でつぎのように言っています。

「どのような職場にも、いくつもの欠点はある。それでも働いている人はいる。仕方なく働いている人もいるだろうが、そういう人ばかりではないはずだ。その「そうではない人」を見つけて学ぼう」と。

この姿勢はとても大切です。とくに**学生時代は友人を自分で選べますが、職場というところでは上司も同僚も選べません。**仕事を教わる、仕事を覚える、仕事を遂行するといったさまざまな場面で、めんどうな人間関係や働きにくさなど「職場の欠点」と出合うでしょう。しかし職場は不変ではありません。「よく変える」のも「悪くする」のも、そこで働く人たちの意思が重要なのです。トヨタのAさんとBさんの事例を紹介したのはそのためです。

もう一つ付け加えるならば、トヨタをはじめとして、「大きな現場」をもった会社には必ずといってよいほど、労働組合があるという事実です。それは仲間たちとの仕事の日々のなかで、「個人技」よりも、仲間と共同でする仕事が多いので、公平性を皆で相談したりする必要が生まれるからなのです。

第2章　仕事と自己実現

## 善五郎さんと自己実現

ここで働くということと関連して、さまざまな場所で語られる「自己実現」という言葉の意味を考えてみたいと思います。まず理論や考え方を述べる前に事例を紹介します。

城南島の隣に昭和島という工業団地があります。そこでバスやJRの車両用の部品加工をしている丸善機工《まるぜんきこう》㈱の創業者で会長である斉藤善五郎《さいとうぜんごろう》さん（以下、善五郎さん）に話を聞いてみました。

善五郎さんは大正十二年（一九二三年）に長野県の上山田で、十二人兄弟の五番目として生まれました。十二歳（一九三五年＝昭和十年）で小学校を卒業して東京・月島（中央区）にあった「ねじ切り」の工場で丁稚《でっち》になったのが、職業生活のスタートです。

「ねじ切り」というのは、鉄鋼の丸棒を削って、ネジをつくる仕事ですが、労働時間は朝の五時から夜の九時までで、給料は定まってなく、盆暮れにわずかな小遣い銭というような「給金」がもらえるだけだったとのことですが、当時は一人前の職人になれるまでは、それが普通でした。重労働で大変でしたが、それでも働いたのは「飯が食えた」からです。田舎《いなか》にいると「飯を食う」のも大変だったのです。

善五郎さんが勤めてからわかったのは、途中で辞めたら「食《く》い扶持《ぶち》は返済する」という契約になっていたことでした。紹介者からはっきりと教えられていなかったのですが、法律が整備されていなかったので、昔はこのようなことはごく一般的なことでした。

工場で技術を磨いている最中、太平洋戦争が始まり、昭和十六年（一九四一年）に徴用工員（国の政策で軍の工場に集められた）として、横浜の海軍の工場で、爆弾をつくる仕事に従事し、十八歳になったとき「志願兵」として戦争に行ったとのことです。

なんでわざわざ戦争に行くのに「志願」したのかというと、「軍隊に行ったほうが工場で働くよりずっと楽だと思えたから」だそうなのですが、入隊してみたら事実、軍事訓練は工場の労働時間よりもずっと短く、肉体的にも楽だったというのです。

訓練が終わってすぐに海外に派兵され、中国の南京やラオスと国境が近いベトナムなどに配属され、国境警備などの任務に就《つ》いたとのことです。

昭和二十一年（一九四六年）五月に帰国し月島の工場に戻ったのですが、勤めていた会社は経営者が二代目に代わっていて経営方針を転換され、「ねじ切り」の仕事が少なくなってしまい、それまでに学んだ技術が生かせなくなっていました。

しかしそのときでした。取引先が善五郎さんに「ぜひ、従来からの仕事をやってくれ」と頼んできて、しかも工場の土地と建物、機械設備の新規立ち上げを手伝ってくれたというのです。みんなにとって善五郎さんの「ねじ切り」の技術は必要な仕事だったのです。これが善五郎さんの起業でした。

その工場で、小さなネジから、大きなものでは一本百キログラムから二百キログラムという重さの、港の岸壁などをつくるのに欠かせないボルトなどを製作したそうです。

昭和四十一年（一九六六年）に現在の工場である、大田区の昭和島に移転し、現在も十五人の陣容で、各種のボルト、ナットなどを生産していますが、この会社の定年は六十五歳です。しかも本人が希望すれば雇用は延長されるし、六十歳を過ぎてから採用された運転手さんもいるそうです。つまり新卒とか、何歳までといった採用条件もないのです。

丸善機工のある東京都大田区の昭和島は、すぐ隣の京浜島、城南島とあわせて昭和四十年代につくられた工業団地で、この会社と同じようにみな、都内のあちこちの住宅地にあった工場が移転してきたものです。大企業はなくこの会社のように、十五人から大きくても百人以下の会社がほとんどで、いわゆる中小企業の街なのですが、どの工場も三十年、四十年と仕事を続けているのが一般的です。

## 働くことの意味

善五郎さんの息子で、社長の斉藤善行《さいとうよしゆき》さん（一九四九年＝昭和二十四年生まれ）の案内で工場を見学していると、一角にガスが燃えている炉があって、そこで鉄鋼の丸棒が熱せられ真っ赤になったところで、取り出され台に乗せられ「曲げる」という作業が行われています。この仕事で大切なのは温度管理であり、それは「目でおさえる」ことが必要だと斉藤社長は言います。つまり計器で管理するのではなく、熟練・経験によって仕事をする世界なのです。

こういう工場で仕事を見学しながら話を聞いていると、「働く」ということの意味が、とてもよく実感できます。もちろんこうした工場は、銀行やデパートのようにきれいではありません。また特別な笑顔や会釈といったものもないのです。どちらかというと働いている人はみな無口であるといってよいでしょう。しかしモノをつくるという仕事に求められることは、なによりも正確さであり、「どのように話せば相手が喜ぶか」といったことは考慮する必要がないのです。

だから工場で働く人の中には、「自分にはお店で働くような接客業はできない」と語る人がとても多いのです。

さて、善五郎さんの経験を振り返ってみましょう。十二歳で小学校を卒業して就職したのですが、この当時では普通のことでした。現在でも、開発途上国へ行くと、十二歳になれば十分な労働力として働いているのです。

ＩＬＯ（国際労働機関）の調査などでは、現在、世界では五歳から十四歳までの子供のうち、二億五千万人（世界の子供の七人に一人）が、児童労働者として働いているとのことですが、善五郎さんが育った当時の日本は、いまのアフリカの多くの国、あるいはインド、パキスタン、アフガニスタン、バングラディシュなどの貧困地帯、つまり世界銀行が定義する、一日一ドル以下で生活する「国際貧困ライン」といわれる状況とあまり変わりのない状態だったようです。

ただし、日本の場合は経済のレベルが低くても、生理的な欲求や安全への欲求といった基本的なものは、昔から安定していたといってよいでしょう。

「絶対貧困」といわれる状況が急速に生じたのは、実はここ二十年ほどの現象なのですが、それは戦争や民族紛争あるいは宗教的対立、そして自然災害などたくさんの要因があります。また情報の発達や、クルマなど移動手段の発達などの結果でもあるのです。別の見方をすれば、昔からあったことが、世界中の皆の目に見えるようになっただけのことかもしれません。ただこの問題はそれだけで何冊もの本になるほどの事柄ですので、ここではこれ以上ふれません。

子供の話に戻します。富《と》樫《がし》倫《りん》太《た》郎《ろう》氏の小説に『堂島物語』（毎日新聞社）という作品があります。世界で最初に先物取引が行われた大阪の堂島に登場した、いまでいうトレーダー（取引をする人）の物語です。

十歳で寺に引き取られて、読み書きと算盤《そろばん》を覚えることができた農家出身の主人公が、事情が生じお坊さんになることなく、大阪の堂島にあった米問屋に丁稚《でっち》奉公《ぼうこう》したのが十六歳のときでした。主人公の上司（丁稚頭）として現れたのは、奉公に上がって四年過ぎた十五歳の少年でした。つまり江戸時代は十歳を超えたら働きに出るのが普通だったのです。元服という大人になる儀式は、だいたい十一歳から十五歳の間におこなわれました。

## 日本の児童労働のこと

この労働年齢に関しては、日本には正確な記録もあります。

明治三十二年（一八九九年）に発行された横山源之助《よこやまげんのすけ》の『日本の下層社会』（岩波文庫）には、当時の紡績工場で働く「工女」の話が出てきます。そこでは彼女たちは年齢が上でも十六歳か十七歳で、大体が十二歳から十四歳、十五歳で、中には七歳から八歳の子供もいると記録されています。

このように十歳を超えるか超えないかといった年齢で就労するのは、まだ平均寿命が低い国です。日本も戦前まではやっと平均寿命が五十歳を超えたところでした。「人生五十年」は本当であり、老化が早いぶん、大人になるのも早かったのです。現在でも児童労働が一般的な開発途上国の事情も同様です。日本で言うなら六十代、七十代と見える人の年齢を聞くと、三十歳などという返事が返ってきて驚かされるのです。

こういう低年齢で就労するのが一般的な社会では、「どのような仕事に就くか」という悩みや問題はほとんど生じません。サービス業が発達していないので、職業選択の余地がなく、生まれ育った場所で、農業や漁業あるいは牧畜、または繊維を織ったりする地場の産業に従事するのが普通なのです。また家から離れる場合も、善五郎さんがそうであったように、職を紹介する業者による一方的な紹介が普通です。そこには「選択の自由」はありません。善五郎さんが「途中で辞めたら食い扶持を返す約束になっていたことを知らなかった」というのも、不思議な話ではないのです。いまでもそのような国はいくらでもあります。

豊かになればなるほど、つまり経済が発達すればするほど、教育の必要年齢が高くなります。仕事が複雑化し、多様化するため、子供では就労できなくなるのです。そして同時に「誰《だれ》にでもできる仕事」、つまり簡単な仕事は賃金が安い、という状況をもたらします。よくない雇用形態として大騒ぎになった、「日雇い派遣」などはその典型です。

また豊かな社会は「少子化」します。子供を産む数が少なくなるのです。善五郎さんは十二人の兄弟でしたが、昔はそれが普通のことでした。現在でも貧困地帯は十人の子供など珍しくありません。このように書く私も七人兄弟の下から二番目です。団塊の世代まではそれが普通でした。小学校も中学も一クラス五十人を超えていました。

## 人間は何にでも向いている

さて、善五郎さんの話にもどります。善五郎さんの職業生涯は立派なものです。大きな敷地で十五人もの社員を雇い、家族を考えると四十人くらいの人の生活が、この工場の存在によって支えられているからです。

善五郎さんの世代は「自己実現」であるとか「自分はどんな仕事に向いているのだろう」などということに悩むことはありませんでした。「飯を食う」ということが必要条件であり、仕事の中身というのは、行くまでわからなかったのが実際だったのです。いやこのように書いている私（中沢）も同様です。東京の郵便局の仕事のことなど何も知らなかったのです。

しかし**人間というのは、便利というか、器用というか、何にでも向いている、というか、とにかくなんでもできてしまうもの**なのです。仮に善五郎さんが郵便局に勤めたとしたら、やっぱり立派な管理職になったであろうことは容易に想像ができるのです。

人間は「粘土」のようなものなのです。とくに若い世代は変型が自在であり、いかようにでも加工可能なのが人間なのだ、といえるでしょう。たいていの仕事に慣れることができるし、転換することもできる。だから人は若いときに幾度か「転職」するともいえるのです。

必ずしも適職を探せなかった結果であったり、人間関係がうまくいかなかったり、家庭の事情があったりと、さまざまな理由によって、人は幾度か職を変えるものなのですが、それはある意味で当然といえるかもしれません。

もちろん学校を卒業して最初に勤務した仕事が、生涯の仕事になるという人たちもいましたし、現在もいます。そのような恵まれた人たちの多くは、男子・大卒を中心とする一部の人たちです。またその仕事内容は、公務員かそれに準じた職業、あるいは大企業に入社した人々が主です。もちろんかつては経済が成長していたので、小さな会社も大きくなり、賃金も上がり、出世もしたということもありました。

また、もともと大きい会社や公務員の職場に長期雇用が目立ちました。それゆえ大人たちは子供に公務員か大企業への入社を勧めるのです。しかし大学進学率が五〇％を超えた現在は、もうそれも無理なようです。またそして一般的に「安定した職場」というのは少なくなりつつあります。

お隣の国である韓国などは進学熱が日本より高く、八〇％を超えた大学進学率なので、学校を卒業しても就職先がないという現象が起きています。日本の就職氷河期（一九九八年から二〇〇三年頃）よりももっと厳しい状況のようです。

## 「安定」と「報償」

転職しない、変わらない、つまり「安定」していると、生活設計も比較的容易ですし、五年先、十年先といった職場生活の方向も、人事システムや先輩たちの状況を見ながら、かなり予測することができます。

公務員や大企業の場合は、内部での豊富な職種を背景に、定期的な配置転換を通して、本人の適性を伸ばすという「人材育成」を可能としているので、中途退職者が少ないのです。むろん、賃金をはじめとした労働条件も制度が整っている、という側面もあるといえるでしょう。

それに対し、職業生活上のリスクが小さい、という評価も可能です。しかし、一見、気楽に見える公務員や大企業のビジネスマンの世界も、実は内部で熾烈《しれつ》ともいえる「競争」にさらされています。新卒で入社して三年間くらいは、身分的にも賃金もそれほど目に見えた格差はありませんが、四年、五年とするうちに、本人の働き方や上司の査定（評価）によって、だんだんと職場での地位や賃金上で、大きな格差があらわれてきます。

会社は継続（存続）するためには、利益を上げなければなりません。生産性が上がらなければ給料も上がりません。そのためには従業員に一生懸命働いてもらわねばならないのです。もし一生懸命働いても働かなくても、給料などの労働条件が同じであるなら、頑張らない人、いい加減な人が登場します。ですから頑張った人に、より多くの「報償」が与えられるのです。

もっともそのことが行き過ぎると、人間の精神が破壊されます。競争は必ず敗者を生み出します。競争にセーフティーネットは欠かせないのですが、人間という「欲望の束」（吉田勝次《よしだかつつぐ》）は、実に扱いにくいものでもあります。

とはいえ、ひとつの職場でずっと働き続けることができるのはとてもよいことです。仲間や取引先に囲まれながら、仕事の能力を高めることは、人間としての成長そのものです。それも「自己実現」の一種です。

## 必要なのは他者による評価

「自己実現」という言葉はとても魅力的です。しかし多くの人間は、「自己」とは何かがよくわからないのが実際です。あらかじめ誰が見てもわかるような才能をもって生まれた人は別ですが、ほとんどの人間は、たくさんの経験を積み重ねて自分を成長させるのが実際のところです。

また「自己実現」といっても、それを単なる自己満足で終わらせないためには、「表現された自己」あるいは「実現された自己」も、友人、仲間、同僚あるいは観客といった、他者の「理解」や「評価」を得なければほとんど意味をもたないでしょう。単なる自己満足か、さもなければ快楽の獲得で終わってしまいます。

つまり**「自己実現」というのは、多くの人々との共通する価値観のなかでこそ成立するもの**なのです。

その共通した価値観を手に入れるには、会社とか、社会とか、地域といった「共同体」への参加が必要です。人間は自分の属する共同体のなかでのみ、自分を成長させ、自己を発信させることができるのです。

子供ならば最初の共同体は「家族」であり、そこですべてが完結します。小学校に上がると、他者との関係を、仲間とか、いじめとか、競争といったことを含めて理解し少し広い共同体（社会）があることを覚え始めます。

それが中学、高校と年齢が上がるにしたがって、友人を含め人間関係が深まり、知識も増えることによって、経験を積み重ねて、自分の将来といったことを考えることが身につき始めるのです。

つまり子供というのは、世界が身の回りだけの存在であり、大きくなるにしたがって世界が広がっていくのです。子供にとっての自己実現は「欲求の充足」でしかありません。つまり、共同体あるいは集団と無関係な「自己実現」は、「快楽の実現」ではあっても、「他者による評価」という、社会性を獲得できないといってよいでしょう。

善五郎さんの事例に戻ります。善五郎さんの仕事ぶりが取引先に評価されていたからこそ、勤務先の方針転換があったとき、周囲が工場の立ち上げという独立への肩を押してくれたのです。もちろん善五郎さんの人柄というのも大切な要素ですが、仕事（技術）を通して仲間の信頼や評価が確立されたのです。三ツ井伸二さんの起業も同様でした。

その信頼や評価は短期間には獲得できません。どんな職場でも同様ですが、ある程度の時間を必要とします。「彼にまかせておけば大丈夫」「あいつならきっとやってくれる」「彼がやって駄目なら誰がやっても駄目だろう」と言われるようになるのが理想といえるでしょう。

第3章　就活の決め手・この人物と働きたい

**最後は人間の信頼**

これから何度も繰り返して言いますが、**採用する側が重視するのは、「人物の中身」なのです。**というのは、企業あるいは組織というのは、結局のところ「人」によって成り立っているからです。そのことに関連して、ここに一つの会社の実際例を紹介しましょう。長野県駒ヶ根《こまがね》市にあり、あちこちで注目されている「物流」会社である上伊那貨《かみいなか》物自動車《もつじどうしゃ》㈱です。

この会社は関連会社を含めて二百人ほどの会社で、いわゆる中小企業に属します。しかし会社の善し悪《よあ》しは、規模の大小とは関係ありません。大切なのは継続性（どれだけ長く続いているか）と利益率です。しかし、この本は経営学の本ではありませんので、この話に深入りはしません。

この会社とは、二〇〇九年の春に取材を通して出会ったのですが、社長さん（小池長《こいけながし》さん）は、会社の変化について明瞭《めいりよう》に説明してくれました。それは「進化する」ことの必要性ということです。

小池さんは、自分（たち）の会社について次のように説明してくれました。

「大手の運送あるいは物流の会社と競合するところはありますが、しかし競争できる余地を見つけることは可能なのです。コンピュータで計算しても、荷物は必ずしも計算通りには動かないのです。また荷主との間で、〝あの人が運ぶ〟という信頼関係の領域、あるいは部分が存在します。その辺も競争力にかかわっています」

これはどのような職場にも共通する大切なことなのです。最後は「あの人」と言われる具体的な人間への信頼にたどりつきます。それは「あの人ができないのならしかたがない」といった結論にまでいくのが理想です。

うんと簡単な事例をあげてみましょう。例えば、食料品を買う、あるいは雑貨を買う、といったことでも、同じものなら、どの店でもよいということはない。そこに選択肢があるなら、店員の態度や店の雰囲気も考慮して、「どうせ買うならあちらの店で」となるのが普通でしょう。

モノやサービスを買うというのは、客観的な価格と品質が似たようなものであるならば、提供している人間のもつ「個性」が決め手になるのはいうまでもないことです。その「個性」のなかには、買い手あるいは利用者の期待することへの「進化能力」や、場合によっては期待以上のプラスアルファがあるものです。

## プラスアルファを次々と考え出すこと

そのプラスアルファについて、上伊那貨物自動車㈱の仕事内容を見てみましょう。

小池社長は「運送サービスから総合物流サービスへの展開が、地域のお客さんにとっても必要なサービスだと思ってきました」と言っています。それをもう少し具体的に言うと次のようなことです。

そもそも預かった品物を宛先《あてさき》に届ける（運ぶ）のが運送サービスですが、「物流」となるとその周辺業務へとサービスが広がります。それは、「畑に行き、泥のついたネギを持ってきて、洗って、カットして、箱詰めして市場へ持っていく。あるいはイチゴを大、中、小に分けてパッケージして市場に運ぶ」といったことです。

また「花《か》き生産の隆盛にあわせて生花《せいか》の輸送方法を考え、切り花を荷台に立てたまま運ぶ保冷トラックを製造（特許取得）しました。こうした野菜、果物、きのこ、花といった農産物は大阪や東京に運んでいます」と小池さんは説明してくれます。

製造業の荷物に関していいますと、精密部品などを含めて、数社分の小口貨物を一台のトラックに積んで、共同で運ぶ「詰め合わせ便」（平成二年までは一台のトラックは一社のものしか運べなかった）を考案するなど、「地域のニーズにあわせて工夫をこらしてきました」とのことです。このようなシステムですと荷主の側の費用もずいぶんと助かるのです。

繰り返して言いますが、「物流」というのは、単に頼まれたモノを運ぶだけではありません。もっと積極的なものです。野菜にかぎらず、例えば、これまでは荷主の仕事であった出荷製品の集荷、梱包《こんぽう》、荷札の作成、あるいは、材料の発注から受け入れ、検品、未着分の督促など材料の供給業務、さらには倉庫での在庫の管理や二次加工までを、取引先のデータをもとにしてトータルに行っているのです。

いやそれにとどまりません。この会社は、製造業が盛んな駒ヶ根地域の特性に合わせて、精密部品の安全確実な搬送方法の開発や、平成十七年（二〇〇五年）には、愛知県稲沢市に海外からの輸入貨物の取り扱いと、国内向けの配送センターも開設し海外との輸送ルートを確保しました。

このように相手先にとって必要な**新しいサービス（仕事）を次々と考え出すことが、仕事の最重要なことの一つ**なのです。「言われたことをする」だけでは「あの人に」とアテにされる人間にはなれません。

## 「日々考える」能力が求められる

このようにして上伊那貨物自動車は、地域経済の変化や地元の要請に合わせて、さまざまな問題に取り組んできたのです。それは「運送業から物流業への発展は、お客の期待であり、要請でもあった」からですが、「物流」のプロである以上は、荷主（お客）に新しい「物流」を提案するのは当然と言えるかもしれません。

上伊那貨物自動車によるこのような「代行」の拡大により、製造業であるなら、周辺作業が減少することにより、「モノをつくる」という本来の仕事に人間と資金を集中させることができます。言い換えるならば、よりよいもの、よりすぐれたものをつくることに専念できることになるのです。

トラックによって、頼まれたものを運ぶ、という仕事から、このように仕事の領域を広げてきたのは、もちろん小池社長をはじめとした、社員みんなの努力です。何をどのようにすべきなのかを、日々考えているのです。**「働く」というのは、この「日々考える」能力や姿勢が求められるということ**なのです。

「輸送」に限りません。どんな職種でも、定型的、つまり決まった仕事というものがあります。しかしその決まった仕事も、内容を見るといつも変化しているし、変化をさせ内容を発展させているのが実際の職務です。またそのような進化能力がないと会社そのものが立ちゆかなくなるのです。

そして小池社長の話では「今日のテーマは、それぞれが別々のお客様を、こちらでもっとつなげていき、そこに新しい価値をつくり上げていきたいですね。それが新しい荷物をつくることにもつながります。それともう一つは法人のお客様だけでなく、個人のお客様とどうつながるかを考えています」とのことである。会社・職場が求めているのは、この新しい関係をつくり広げていく能力です。

以上、事例は「物流」の会社ですが、お客様へのさまざまな提案や、またお客様の要望にどう答えるかということに関しては、「定型」の答えはないのです。しかしそれゆえ会社側は採用にあたって、定型ではない考え方ができる人間を求めることになります。

### 「この人物と一緒に働いてみたい」

そこで、以上のようなことに関連して、採用する側が学生に問うこと、あるいは期待することを、具体的なエントリーシートと、面接に関する実際例を点検しながら、考えてみましょう。

ここでは私がさまざまな企業の人事関係者と討論した結果のエッセンスを紹介します。

結論は、あまりにもあたりまえのことですが、大切なのは本人の「中身」です。エントリーシートを通ったあとの、面接で留意されるのは、いうまでもなく、**「この人物と一緒に働いてみたい」「こいつと一緒だったら楽しいだろうな」「こいつを育ててみた**

い」と思わせる人間**です。これは、どこの会社でも共通します。

それは「個性」を重視すると言い換えてもよいのかもしれません。個性の形成は十歳くらいまでの幼児体験が決定的に大きいと思うのですが、しかし本を読んだり映画を観《み》たり、スポーツや音楽を楽しんだり、友人と交流したりすることによる、後からの知識や体験の集積も「個性」をかたちづくります。

学んだことや体験したことを、自分の中で組み立て直して、他者との間で、共通理解ができるような言葉にする作業もまた「個性」をつくります。ちょっと難しい言い方になりましたが、魅力的な人物は話題も豊富で、話の組み立ても上手なことが多いのです。なお当然のことですが、魅力的というのは「面白い」ということとは異なります。

専門を学ぶということは、実はそのことと関係しています。後の章で詳しく説明しますが、専門的なことを知ることは、自分なりに社会を理解し説明する手がかりを手に入れるということです。また、そのことは世の中の人との間の、「共通言語」を獲得するということであるとも言えるでしょう。また、専門分野が異なっていても、あるレベルに達すると「共通言語」が生まれるものなのです。

例えば学生時代の経験として、バイトそのものは、良い悪いということはありません。ただ、飲食店やファーストフード店といった誰《だれ》でもできる一般的なバイトの経験を長々と話しても、相手が感心したりすることはありませんし、あまり意味もありません。むろん新聞の専売所に住み込んで働き、学費も生活費もすべて自分でまかなってきた、といった人物や、住み込みでしか雇ってくれない日本料理店で働いた、といったことならプラスになるような気がします。そうした職場体験は「いつでも替えられる」といった気楽さがないからです。つまり「個性」というものにたどりつく要素として、**その体験がどれだけの説明要素を持っているかが問われる**のです。

## 「何であんなやつを」と言われないために

このことをもう少し別の角度から考えてみましょう。中企業・大企業ではどこも共通していますが、面接は二次、三次と行います。その中に人事のプロは必ずいます。しかしすべての面接者がプロということではありません。とくに一時面接などは何百人と会うために、各部から管理職が動員されます。なかには財務関係者や法務関係者、倉庫などの管理部門とか、あるいは「昨日まで決算をしていました」といったように、必ずしも「面接のプロ」とはいえない人物も駆り出されます。それゆえ何度も面接する必要があるし、受験する側も「対策」の立てようのない質問が出されるのです。

しかもインターネットによる情報が発達しているので、一次面接、二次面接は質問内容が、その日のうちに知れ渡ることは企業にもわかっています。ですから二日間にわたって面接をする場合、翌日は意識的に内容を変えますので、なおさらマニュアルはないといってよいでしょう。

「面接本」にはたくさんの面接事例が載っていますが、しかし就職本に紹介されたとたんに陳腐化されてしまい、ありふれた「対策」になってしまうのです。「ああ、面接本を読んできたな」と思われるだけでしょう。

さて、このように書いてきましたが、実は企業側も悩んでいます。私がさまざまな企業にインタビューした結果、共通する一般的な面接者の「判断状況」を紹介します。中企業や大企業の場合は、何度も面接を重ね、大変な長時間となります。もちろん場合によっては個別に人事の担当者が四回も五回も繰り返し会ってやっと決まるという例も珍しくありません。ですからかなりの確率で「学生の厚化粧」は見破られているはずなのですが、必ずしもそうとは言えないのです。

どの企業にも、入社後の研修を終えて各職場に配属されてから「何であんなやつを採用したのだ。人事は何をしているのか」といった不満がみられます。五十人、百人と採用すると、そのような人物が必ずと言ってよいほど紛れ込みます。会社の側もそんなことがないようにと、ますます必死になるのです。その場合は、就職活動をしている学生の側から見ると「就活の勝利」かもしれませんが、ミスマッチは個人にとっても会社にとっても不幸なものなのです。

ただ多くの会社で共通するのは、面接者全員が八〇点から九〇点をつける人間は、五人のうち四人までが共通するということです。また逆に一〇点から二〇点と低い人間も評価が共通するそうです。問題は五〇点から六〇点くらいの人間ですが、このレベルがとても難しいのが実際です。「あんなやつを」という嘆きはこの辺にありそうです。

## 職業人生に欠かせないテーマ

さてここで、友人と私が「企業はどのような人間を採用すべきか」、という討論をしたときに、次のような問いかけをして、どんな答えが返ってくるかを知りたいね……という項目がありますので、それを紹介します。

「会社という場所でどう生きたいのか」
「どういう死生観をもつのか」
「どういう人生を送りたいのか」
「休日をどのように過ごしたいのか」
「何を生きがいにしたいのか」
「何をすれば満足するのか」
「どんなことに感動するのか」
「自分のしたいこと、考えていることに、物語、ストーリー性をもてるか」
「石工は石を加工しているのか、教会を建てているのか」

この最終の「教会を建てている」の話は、職場でのよりよい働き方の事例として、ビジネス・スクールの授業で必ず紹介されるエピソードです。経営学の神様といわれるP・F・ドラッカーの本から引用してみましょう。

「マネジメントのセミナーでは、何をしているのかを聞かれた三人の石工の話がよく出ている。一人は「これで食べている」と答え、一人は手を休めずに「国でいちばん腕のいい石工の仕事をしている」と答え、一人は目を輝かせて「教会を建てている」と答えたという。もちろん第三の男が、経営管理者である」（上田惇生訳『現代の経営（上）』ダイヤモンド社）。「石工」が「レンガ職人」として紹介されることもあるのですが、このエピソードで問われていることのひとつは、**仕事をする上で大切なのは全体を理解するということ**です。

もう少しこの事例の説明をします。というのは「教会」というのはキリスト教の信仰が普通である欧米諸国では、たんなる建造物ということではありません。日曜ごとに通う救いの場所であり、それは人生のアイデンティティでもあります。また地域社会のさまざまな行事も教会を中心に行われます。つまり地域社会という「共同体」の中心が「教会」なのです。いや共同体という意味ではその最大のものである国家の基礎そのものがキリスト教であったりします。つまりドラッカーのいう「教会を作っている」というのは、共同体へのもっとも積極的な参加であり、他者への貢献であり崇高な仕事である、という意味を含んでいます。それは「働く」ということの本質とかかわっています。

しかし二番目の「いちばんの仕事をしている」という「自負」もなかなか捨てがたいものがあります。「熟練」といわれる「職人」のなかには、この二番目のタイプがけっこう多いのです。東京ダイスの工場長はこのタイプに属します。

この「自分の立場からどう考えるか」ということは、職場生活、職業人生を送る上で欠かせないテーマですので、別の箇所でもう少し詳しく見ることにします。

人生観、生き方ということに関する質問は、二十歳、二十二歳まででであっても、難しくとも、それなりの答えが用意されていてしかるべきでしょう。その答えのベースを「教養」と言い換えてもよいかもしれません。面接する側にもマニュアルはないのです。イエス、ノーを求める質問もありません。お互いに相手の対応によって変化するのが当然なのです。現実の職場はイエス、ノーでは動いていないからです。

いま、教養と言いましたが、教養とはなんでしょうか。一橋大学の学長をした阿部謹也《あべきんや》氏は次のように言っています。

「教養というのは社会の中での自分の位置を知ろうとする努力、あるいは知っている状態、あるいは知ろうとする努力の総体を言う。つまり、社会の中で自分はどう生きているのか。どういう状況にあるのか。何ができるのかということを知ろうとしたり、知っている状態を教養と言うのだと、私はとらえた」(『大学論』日本エディタースクール出版部)。

## 内定者のエントリーから面接と決定まで

では具体的に、以上のようなことと重なる「エントリーから面接まで」を突破し、地方銀行の総合職をゲットした女子学生の「体験」を見てみましょう。ここで金融業を紹介するのは、銀行が現在の最大の採用業界のひとつだからです。以下、彼女の話です。

①最初に質問されたのは、「学生時代に力を入れたことは?」ということでした。「チームで行動した経験は?」という質問も兼ねていました。

私はそれに対して次のように答えました。「大学三年時に行われるゼミコン(ゼミ対抗のプレゼンコンクール)です」と。

私たちのチームが最も工夫したことは、「相手に伝わるプレゼン」をすることでした。そのテーマについて調べている私たちがわかっていることが、プレゼンを聞く人たちに直ちに理解できるとは限らない、そんな当たり前のことを忘れてしまいがちだと思ったのです。そこで、どうすれば聞いている学生に興味を持ってもらえるのか、どうすれば二十五分という短い時間の中で理解してもらえるかを考えました。そして、初めに興味を持ってもらえるような新聞記事を使うなどの工夫をして構成にこだわり、プレゼンでは間合いやつなぎの言葉にもこだわりました。

その結果、最優秀賞受賞。これはチームみんながプレゼンの内容をとことん理解し、それを独善的にならないようにプレゼンできたからこそ得られた結果だと考えています。

以上のようなことを、質問に合わせていろいろ変えながら答えたとのことでした。これは、「私たち」の工夫の内容がよく伝わるよい答えだと思います。

②続いて併願している損保での職種について聞かれました。

「正直なところ迷っていますが、今の時点ではSC（サービスセンター）に興味があります。SCだと、お客様と事故を起こしてから最後まで関《かか》わることができるし、お客様の評価が直《すぐ》に出ることが魅力です。それは銀行を希望していることと、内容的に共通しています」と答えたら、「例えばどのように」と質問が続いたので、次のように答えました。

「私には「人の生活を少しでもより良くしたい」という思いがあります。命の次に大事だとも言われているお金を取り扱う銀行であれば、人の生活により深く関わることができるのではないかと考え、銀行を希望しました」

③次に「銀行の営業に必要な素質は何だと思うか？」と聞かれました。
「自分のファンを増やすことだと思います。もちろん笑顔とか商品知識とかお客様一人一人を大事にするとか、そういう当たり前のことは前提にした上です。お客様の目から見れば、どの銀行でも商品に大きな差別化があるわけではないし、金融サービスという目には見えないものを扱う金融業界では、自分のファンを増やしたり、また自分を通してその企業のファンを増やすことが必要な素質なのではないかと考えます」
④そして、「将来どのような行員になっていたいですか（十年後の夢）？」と質問されました。
「営業の統括のような立場でいられたら、うれしい。「あいつに聞けば間違いない」と言ってもらえるような行員になっていたいと思います。また、女性総合職の労働モデルになれればと考えています」
⑤最後の質問は「女性総合職の労働モデルになるために必要なものは何だと思う

か？」というものでした。

「「女だから」と思われないよう、人一倍努力すること。女性だから話しやすいと思う方もいると思いますが、やはり当たり前のことは当たり前にこなせて、プラスアルファの、女性ならではのきめ細やかな心配りやサービスもできて、きちんと結果を出す、そのためには人一倍の努力が必要であると考えます（女性ならではのことももちろん、男性と競うことももちろん！）」

この④と⑤はとても大切なことです。「自分はどう思われたいのか」という意思は他者の評価とかかわり、働く上でもっとも必要なものの一つです。

## エントリーシートでの設問

順序が逆になりましたが、次にこの女学生のエントリーシートを見てみましょう。エントリーシートでは次の四つの設問があったそうです。

①自己ＰＲ

↓私は、いろいろなことにどんどん飛び込んでいく性格である。

大学入学当初からユニバーサルスポーツに参加している（ユニバーサルスポーツ：性別・年齢・障害にかかわらず、誰でも参加できるスポーツのこと）。

毎月開催されているユニバーサルスポーツ大会に初めて参加したとき、私は非常に楽しかったが、参加者の障害者と関わりを持ったかと言えば、まったく持っていなかった。これではいけないと考え、次の教室からは参加者に「楽しい？」「あれ一緒にやろう」と自分から積極的に話しかけるようにした。すると、今まで話しかけても反応をしてくれなかった人たちが話しかけてくれるようになったり、私のところに手をつなぎに来てくれるようになったりした。

この経験から、「動けば変わる」ということを改めて実感し、これ以後も興味を持ったことにどんどん飛び込んでいる。

②自分の弱みは？

↓人からの頼みを断ることができないこと。

よほど無理でない限り引き受けてしまう。断ることで自分が成長できる機会を逃してしまうのではないかと、自分に頼んでくれた人の期待を断ることが非常に嫌なので。だが、それは結果的に自分の首をしめることになってしまったり、まわりの人に迷惑をかけることになりかねないと気づいた。今は、無理だと思ったときは友達に手伝ってもらい、自分の力量を見極める判断力をつけて、計画を立ててこなしていくことを心がけて改善しているところである。

③就職活動の軸は？
↓人の生活により深く関わることができる仕事であること。
働いている人に魅力を感じるかどうか。
長く勤めることができる職場かどうか。

④自分の就職活動のこだわり
↓実際に働いて、自分の目で確かめてみること。

やはり、自分で感じること、実際に聞くことが大切だと感じ、とりあえず行動することを心掛けた。

## 決め手は人間の中身

この女子学生のプロセスは、ほとんどの業種に当てはまります。銀行でいえば、商品である「金利」は、ほとんどの銀行は似たようなものです。厳密に見ると、預金するときも、逆に住宅ローンなどを借りるときも、銀行ごとに「金利」は異なっており、長期的に見ると「差別化」されてはいるのですが、お客のほうはそれほど厳密ではありません。「どうせ預金をするのだったら、あの人がいるところにするか」とか、「近所で便利だから」といったことが決め手になります。

上伊那貨物自動車のエピソードにあったように、最後は「あの人」に行き着くのです。クルマを買うという場面を想像してみましょう。やはり決め手になるのはセールスする人間の人柄や説明力といったところです。同じお店の中でも「営業成績に差がでる」のは人間力にあることはいうまでもないことです。問われているのは正味の人間の中身です。

ここ十年、シューカツが活発化してきてから、学生と会社の「だましあい」になってきました。会社はきれいなホームページを作り、会社説明会は、「見栄えのよい人」を説明要員として出し、社内でもめったにないような「よい仕事」について説明するので、それ自体が「ショーウィンドウ化」してしまっているのです。

つまり会社も学生も、自分をお化粧で飾り立ててしまっているのです。**大事なのは「すっぴん」の自分**です。自分が行こうとする業界のことをよく知った上で、自分を主張することが求められています。

たとえば出版社に行きたいのならば、どんな本を出したいのか、どんな本を読みたいのか、あるいは雑誌の編集なら、どのような記事や特集を組みたいのか、といった「意見」「アイデア」がなければなりません。業界研究、企業研究をする上でも「自分」が必要なのです。

自分をしっかり見てくれ、これだけの中身がある、と自負心を持つことが、こうした状況では大事なのです。

## 良い本を読み、自分を充実させる

さて、問われているのが人間としての中身である以上、「自分をしっかり見てくれ」と相手に胸を張るようにする以外に、方法はないと述べましたが、そのことは自分を売り込むためではなく、より豊かな人生を送るために必要なことでもあります。実は学校というのはそのためにあるのです。

私はゼミ生に専門書はもとよりのこと、小説やエッセイなどを多読させます。また同時に映画をたくさん観《み》ることを薦《すす》めています。良い本や良い映画に接しますと感動しますし、心の中に「大切なものを残す」作用があります。読書も映画鑑賞も経験であり体験といえるのです。それはスポーツや芸術に没頭するのと同じように、人間の内面をかたちづくる重要な要素です。

もちろん読むだけではなく、必ずその読後感のリポートを提出させます。映画についても感想文を書かせます。その結果、理解が浅いものや読み方がいい加減であると思われるものには、書き直しを求めます。

また当然のことですが、本は具体的に指定します。漠然と自分で探して読んでくるように言っても、学生には読むべき良い本がわからないからです。自分で本や映画を選ぶのは大賛成ですし、それを薦めます。とくに本は偏ることなく乱読する必要もあります。しかし本を選ぶのはけっこう難しい作業であって、それを教えるのが教師の役割のひとつだと思っています。

こちらは書評などの仕事を通して何千冊かの本を読んでいますので、「この年齢の時分にはこの本を」といえる「必読書」を薦める程度の蓄積はあります。私の教師経験はわずか十年ですが、私のゼミで学んだ百人ほどの卒業生の多くは、学生時代の読書体験を「宝物です」と言ってくれています。そして今でも、たまに皆で会ったときや、場合によってはメールで「お薦め本はありませんか」と聞かれます。もちろん即答します。

高校を卒業してすぐに就職した私は、あとになってから「この本を三十年前に読みたかった。二十年前に読みたかった」と思うことがよくあります。それゆえ私は学生に「必読書」を薦めるのです。

また本を読ませるのと同時に、私のゼミでは三年生の後期に、必ず「自分史」を書かせます。可能な限りの記憶を呼び覚まして、自己形成の経過を点検させます。子供の頃《ころ》の夏祭りのこと。水泳はいつ覚えたか。自転車に乗れたのはいつか。最初に読んだ本とその感想。最初に観た映画とその感想。趣味はどのようにしてできたか。両親や兄弟とのこと。親戚《しんせき》のこと。友人とのこと。地域のこと。つらかったこととそれをどう克服したか。劣等感や誇りについて……とにかく思い出せることすべてを克明に書かせます。漠然とした記憶ではなく、しっかりとした言葉にすることによって初めて自分を見直すことができるからです。

そのためには背景をもった言葉や豊富な言葉が必要です。二十年間という時間はけっこう大きな体験・経験の積み重ねになっています。それを表現するためには、良い本を読み、良い映画を観ることが必要なのです。またそのことによって、「例えば何々のように……」という事例を紹介しつつ、過去の自分を見つめ直しながら、自分の内面を言葉によって紡ぐことができるのです。何かを表現するためには、比較対象がなければなりません。本や映画によって、多くの「経験」や「体験」を追体験することが大切です。そしてまさにそのことによって自分と出会い、そして向かい合い、他者に「自分というオリジナルなメッセージ」を伝えることが可能となるのです。エントリーシートを書くとき、面接者と向かい合ったとき、しっかりとした自分自身があるかどうかが問われるのです。

私のゼミ生で、二〇〇六年に商社に入社した男子学生がいます。彼は最初の面接で二人の面接者のうちの一人から「学生時代に読んだ本の中で、最も面白かった本はなんですか」と聞かれ、『ポーツマスの旗』と即答し、その理由として、日露戦争の終結に向けた交渉に臨んだ小村寿太郎《こむらじゅたろう》が背負った困難や、明治国家の意味、そしてマスコミのあり方や情報といった、小説の主題を説明したというのです。

面接の担当者は「そうですか」と答え、次の質問に移ったとのことですが、それから一週間経過し、二次面接に臨んだら、今度は三人の面接者でしたが、最初の質問をした人が含まれていて「私も『ポーツマスの旗』を読んでみました。ほんとうにいい本ですね。良い本を教えてくれてありがとう」と言われたそうです。ゼミ生はすっかりリラックスし、落ち着いて面接を受け、自分を出し切った思いで帰ってきました。「これで落ちたら仕方がない」と考えているときに採用の連絡がきたとのことでした。

## どんな本を読んだらよいか

自分史を書き、言葉をつなげる作業を通して、改めて自分と向かい合うことができます。そのことは「エントリーシート」の定番である「自分の長所と欠点」を語る上でも重要な作業であるだけではなく、自分の進路の発見にもつながるでしょう。また自分というものを説明するためには豊かな語彙力《ごいりょく》が欠かせません。

では専門外で私が学生に読ませ、観せる作品の一部を紹介します。

藤沢周平《ふじさわしゅうへい》『蟬しぐれ』（新潮文庫）
吉村昭《よしむらあきら》『ポーツマスの旗』（新潮文庫）
吉野源三郎《よしのげんざぶろう》『君たちはどう生きるか』（岩波文庫）
神谷美恵子《かみやみえこ》『こころの旅』（みすず書房。日本評論社）

松岡正剛《まつおかせいごう》『17歳のための世界と日本の見方』（春秋社）
『スタンド・バイ・ミー』（一九八六年アメリカ）
『愛と青春の旅立ち』（一九八二年アメリカ）
『シービスケット』（二〇〇三年アメリカ）
『グッド・ウィル・ハンティング』（一九九七年アメリカ）
『陽《ひ》のあたる教室』（一九九五年アメリカ）

それぞれが皆あまりにも有名な作品ですので細かい解説はしませんし、映画や本のストーリーを詳しく書くのはナンセンスです。ですが、ほんの少し紹介します。

## 名作と呼ぶに値する作品

『蟬しぐれ』はあまりにも有名です。父親が政争で死罪となった主人公の波瀾万丈《はらんばんじょう》の物語です。美しい風景描写と重なりながら、子供時代から中年期までの人生全体が浮かび上がってきます。常盤新平《ときわしんぺい》さんが「この本には人生の全《すべ》てが書かれている」と絶賛していますが、ハラハラ、ドキドキ請け合いです。

『ポーツマスの旗』は、日露戦争の終結をめぐって一人の外交官が背負った外交交渉を軸とした物語ですが、「明治という国家」を知る上でも欠かせない小説です。『君たちはどう生きるか』は一九三七年の作品でもう七十年も前のものですが、お父さんを亡くしたコペル君というニックネームの中学生の、友情や失敗を通して精神的な成長をとげる作品で、傷つくことが人間の尊厳と楯《たて》の裏表になっていることを教えてくれる素晴らしい物語です。多くの学生が「この本を読んで自分の心の中に心棒みたいなものが通った気がした」とか「これからの人生に立ち向かえるような気がする」と語っています。

松岡さんの作品は、「世界史」とか「日本史」という受験科目の区分で勉強してきた学生に必読です。イスラムやキリスト教そして仏教といった宗教のことや、ヨーロッパのルネサンスや日本の安土桃山時代といった文化を通して、「世界や日本の見方」を紹介しています。この本を読むと世界観が広がります。

神谷美恵子さんは私がもっとも尊敬する人の一人ですが、『こころの旅』は、子供時代から大人になるまでの人間の育ち方や生き方を語っています。人生の意味を考える手掛かりになります。

『スタンド・バイ・ミー』は四人の少年が、行方不明になった男の子を探しに行って死体を発見して、町に戻ってくるまでの「冒険」を描いた作品です。少年が青年になる直前の物語で、自分が大きくなり、そのことによって、これまで住んでいた町が小さく見える経験を綴《つづ》っています。子供時代を思い出す手掛かりとなります。そして面白い。

『愛と青春の旅立ち』は、士官候補生が激しい訓練を通して、帰り道のない自分や愛や仲間と出会う作品です。青春とその終わりの直前を描いています。

『シービスケット』は一九三〇年代の大恐慌下のアメリカで、三人の男と気性の荒い馬との交流を通して人間の成長と立ち直りを描きながら、アメリカの大恐慌からの復活をも重ねている感動的な作品です。

『グッド・ウィル・ハンティング』は、天才的な才能を持ちながら、子供の頃の虐待が原因で心を閉ざしている若者の、友情や人との出会いによる「再生」の物語です。

『陽のあたる教室』は、作曲家になりたかったけれど、暮らしのために教師になった男の日々が、とても大きな仕事につながっていった物語です。大切なのはどのような結果をつくるのか、ということを教えてくれます。

これらの作品は学生たちにとって、学ぶということの意味や生きることの意味を改めて伝えてくれるはずです。そして自分のこれまでの二十年間の意味を改めて蘇《よみがえ》らせてくれるはずなのです。名作というのは、読む人のレベルに応じて理解できる作品のことですが、これらは名作と呼ぶに値します。

松岡正剛さんは『17歳のための世界と日本の見方』のなかで、古代社会に民族の物語が形成され、それが伝承された経過を書いています。その中で言語が物語を生み出したのだけれども、逆に物語の語り方や伝え方が言語の仕組みをつくったという面があるのではないか、と説明していますが、私もそのように思います。言葉は組み合わせによって新しい表現を組み立て、また新しい意味を膨《ふく》らませることが可能です。あるいは「文体」などというものができるのも、語り方や伝え方のことだと思うのです。

## 伝承や共同体は何のためにあるのか

ところで、なぜ昔の人はさまざまな伝承を残したのでしょう。それはいうまでもなく、民族や部族としての「共同体」のためです。狩りをするにも、農耕をするにも、共同体が必要です。人はそのなかで存在し、生きることができるのです。共同体の存続のためには共通の絆《きずな》が必要です。共同体のメンバーは共通の言葉によって、仲間との「絆」や「記憶」を共有するために「伝承」(物語)を必要としました。

会社や組織も同じようなものです。会社というのは、経済的な目的を実現するために合理的なものです。またNPOなどの組織も、目標を実現するのに、そのほうが都合がよいのでつくられます。

会社を「法人」といいますが、法人の「人」とは「責任主体」という意味です。とはいえ、会社にはうしろにLtd.と付けます。それはlimitedつまり「限定された」ということです。それは株式会社には無限責任はありませんという意味です。大きな赤字を出して、他人や他社に莫大《ばくだい》な損害を与えても、株主たちは最終的には自分が出資した金額を放棄すればそれでよいのです。だからこそ「法人」は積極的にリスクを負って投資をすることが可能になってくるのです。

もちろん利益だけを目的とするわけではない、ということを積極的に「社是」や「家訓」としている会社もあります。社会貢献や社員の幸せを社訓としてうたっている会社もあります。ただそれも利益あってのことといえるでしょう。

また、利益を求める共同体としての会社にも、「社風」といわれる「文化」がありま す。「文化」というのは「独特のもの」ということですが、どの会社にも自社内に特有の言葉や習慣があったりするものです。それが伝統というものです。

ともあれ個々のメンバーは会社の目的意識と無関係ではいられません。会社や組織には経営目標（組織目的）や経営計画、あるいは「理念」があります。社員あるいはメンバーは全体の計画に従ってそれぞれの役割が与えられます。その役割は楽しくないものもあります。いや楽しくないことのほうが多いかもしれません。

しかし共同体の中でのそれぞれの役割や義務の遂行を通してこそ、多くの人はA・H・マズローのいう、人間の欲求のなかで上位にランクする「他者からの賞賛（承認）」を得ることができるし、達成感や満足感といったものも感じることができるのです。「自己実現」は他者との関係性のなかでしか成り立たないと私は思っています。

## 数千冊の本のなかから

さて紹介したい本は山ほどあります。というのは、私は本を読むことによって多くのことに啓発され、また楽しい日々を送ってきたからです。またそれは、私の日々の仕事ともかかわっています。私は二十年間勤めていた労働組合を退職して大学に進学したとき、アルバイトというよりも本業として友人などの紹介であちこちにものを書き始めました。それ自体なんと幸運なことだったかといまさらながら思っています。いつも人生で誰《だれ》かに助けられてきた私には、友人をたくさん持つことの大切さはいくら語っても語りきれないものがあります。本と関連して一つだけ例を挙げます。

私が労働組合の本部であれこれ職場調査の結果を書いていたころ（一九八〇年代の中頃）までは、まだ現在と違って労働組合の存在が社会的に大きく、いつも組合には新聞記者がやってきました。今は大きな会社には「広報」という組織がありますが、三十年以上前はまだそんな仕組みはありませんでした。しかし組織のリーダーとの面会のスケジュールを調整したり、組合の方針を説明する資料を作ったりする必要が生まれ、マスコミ担当という仕事に就《つ》きました。

そのときにある新聞記者と出会いました。その人はたまたま私の出身県である群馬県の支局から東京に戻ってきたところでした。お互いに三十歳になったばかりでしたが、酒を飲みながらいろいろな話をするうちに、二人で月に一回本を読んで意見交換をすることになりました。

面白かった本、勉強になった本、啓発された本とさまざまなものを紹介し合いました。その人のニューヨーク勤務などによる中断をはさんで二十年間それを続けました。お互いに紹介し合って読んだ本は百冊を超えています。この友人と過ごした時間は私にとってかけがえのない時間でした。

二十年間働いた労組を四十五歳のときに退職して立教大学の法学部に入学したのですが、そのときにやはり組合時代に知り合った友人のツテで『週刊エコノミスト』から寄稿の依頼があり、佐高信《さたかまこと》さんと隔週で書評のコラムを書き始めました。そのコラムは三年ほど続きました。そのあと、『週刊朝日』の「週刊図書館」という書評欄に定期的に書き始め、続いて「朝日新聞」の夕刊に一年ほどやはり書評を書きました。

それらと並行して月刊誌の『中央公論』や『世界』、あるいは『週刊東洋経済』などへの論文の寄稿や連載などの仕事が続きました。

現在も『週刊朝日』『週刊エコノミスト』「日本経済新聞」などで定期的に書評を寄稿し、その他『週刊東洋経済』や「東京新聞」のようなブロック紙などの新聞や雑誌にさまざまなジャンルの書評を書く仕事が続いています。結果として書評歴は二十年に達しています。その間、書評のために読んだ本だけではなく、必要な専門書も読んでいますので、何千冊かの本を読むことになりました。こうした経過があるので、どんどん学生に本を薦めるのです。

本というのは基本的に「すでにあったこと」が書かれています。小説は想像力で書かれたフィクションつまり「虚構」ですが、「核」になる部分は必ず「リアリティ」（真実性）を持っています。また未来を予測している本や文章も、過去の出来事や体験あるいはデータを検証しながら予測を立てるのです。つまり「経験値」が大切なのです。「未来」は必ずといってよいほど「過去」と「現在」が準備あるいは用意しているのです。

つまり「すでにあったこと」を学ぶのは、それによって過去を経験することができるからです。追体験というのは、歴史的なことや他人が体験した事柄を、自分なりに解釈したり再構成することによって、自分の体験として心の中で「再現」することができるということなのです。

たくさんの経験や体験は、新しいことを始めるときにとても役に立ちます。予測し仮説を立てることによって、危険を最小限に抑えることができるかもしれません。あるいは成果を上げる方法が見つけやすくなるかもしれません。もちろん新しい事柄にチャレンジするということは、無数の失敗が待ち構えています。しかし失敗をきちんと生かすにも「勉強」というストックが必要です。そして何よりも、よい人と出会うには知識や経験が必要です。自分にストックがなければ、相手から吸収することはできません。

『なぜ「大学は出ておきなさい」と言われるのか』（ちくまプリマー新書）の中で浦坂純子さんは、「学生が就職活動でウリにしていることのほとんどは大学生活の周辺部分での成果であって、本分の成果ではない」、「周辺部分の成果はあくまでもプラスアルファとしてキープしておいて、本分を貪欲《どんよく》に追求することによって一回りも二回りも大きくなる。その成果で勝負して欲しい」と書いていますが、まったく同感です。勉強する時間があるときに勉強しないのは本当にもったいないことです。

あるいは勉強でなくとも学生時代でなければ取り組めないこと、つまり時間がなければできないことを徹底してやってほしいのです。

# 第5章　転職や好きな仕事について

## 若者は本当に早く辞めているのか？

近年の若者の仕事に関する話題は、あまり明るいものではありません。社会的な格差の拡大という意見を背景として、早期の転職やニートあるいはフリーター、請負《うけおい》、派遣、期間工といった非正規社員の増大や労働条件の悪化といった話ばかりです。しかし事実関係を丁寧に調べてみると、多数の若者は普通に働いているし、転職にしても近年になって、際立って増えているわけでもありません。しかも国際的にみると、日本の若者は職場を変えないほうだといってもよいのです。大切なのはしっかりとしたデータと正確な事実を把握《はあく》し、落ち着くことです。

若者が職を変えたり、仕事内容を変えたりするのは昔からごく普通のことなのです。一九六〇年前後なら、中卒と高卒で九〇％以上を占めていました。歌手の森進一が十回以上職場を変えた話は有名ですが、昔はけっこうそんなものでした。そして今でもそうなのです。最初の職場がそのまま最後の職場になるような「めぐまれた人」はどのような世代を例にとるかによって異なるのですが、いつの時代でも多数とはいえません。といっても多くの人は若いうちに二度、三度と仕事を変えるうちに定着するものなのです。それは社会を学習し、自分に気づくために必要な日々と言ってよいかもしれません。

第2章で、社会が発展すると「大人になるのが遅くなる」ということを書きました。ニートは「もはや一人前として働くべき年齢になっているのに定職についていない」ことが問われているのです。戦前の日本ならば第2章の善五郎さんのように十二歳になれば働きに出たのですから、二十歳も過ぎて仕事もなければ働くための準備もしていない若者の出現はやはり驚きです。しかしその現象はごく少数であるがゆえに話題になるのです。繰り返しますが、若者の多数は今も昔も健全です。いつの時代も大人から見ると「いまどきの若者」なのです。つまり大人はみな「いまどきの若者」として育ったのです。

この本は学術書ではないので、数字や引用はなるべく避けたいのですが、少し数字を見てみましょう。

平成二十年版の『労働経済白書』によりますと、フリーターが急速に増加したのは一九九七年頃《ころ》からです。いわゆる金融危機やアジア通貨危機といった経済状態で、日本の景気が急速に悪化したのがそのころです。また「就職氷河期」という言葉が登場したのは有効求人倍率が急速に下がった二〇〇〇年前後ですが、実はフリーターの数がピークに達したのは二〇〇三年です。しかし二〇〇四年から徐々にフリーターは減少してきています。これは景気回復の数字と一致しています。

また若者の離職率の推移を見ますと、二〇〇四年三月に卒業した若者の、就職後三年以内に離職した割合は高校卒で四九・五%。大学卒で三六・六%となっています。「七、五、三現象」という言葉があります。就職して三年以内に中卒の七割、高卒の五割、大卒の三割が退職しているという数字を指しています。

たしかに高卒の場合は約五〇%が三年以内に離職しますが、もう少し詳しくみると、一年目に二五%前後が離職し、二年目には四〇%がいなくなってしまいます。あっというまに辞めるといってもさしつかえありません。

大卒はどうでしょう。一年目に一五％が離職し、二年目に一二％程度が離職します。これを、以前の離職率と比べてみましょう。バブル最中だった一九八七年が二八・四％で、九二年三月卒業者が二三・七％で最も低い数字でした。その後は徐々に増加しておりますが二〇〇〇年以降は、ほぼ横ばいです。

## 数字を詳しく分析すると

しかし、こうした数字はもう少し詳しく分析する必要があります。というのはその「数字」そのものが過去と比べてどうなのかとか、高卒や大卒の条件が同じなのかどうか、といったことです。

また『若者はなぜ3年で辞めるのか？』（城《じょう》繁幸《しげゆき》、光文社新書）ということを同時に考える必要もあるでしょう。

リクルートワークス研究所の大久保《おおくぼ》幸夫《ゆきお》所長が「転職の常識は本当か」というテーマで、人材の流動化の実際をしっかりしたデータで書いています（「一橋ビジネスレビュー」二〇〇七年冬号、東洋経済新報社）。そこで紹介されているデータは次のようなものです（「労働力調査」や「雇用動向調査」からの数字）。

大久保所長は一九八五年から二〇〇五年までの二十年間の正規社員と非正規社員の転職率と、学歴別ではなく年齢別の離職率を紹介しています。それによると正規社員の転職率は、一九八八年からほとんど変化していません。つねに三・六％前後です。

ただし十九歳以下の離職率は、九三年は二八％でしたが、二〇〇五年は四七％になっています。二十歳から二十四歳を見ますと九三年の二一・八％と比べ、〇四年から三〇％を超えていますので、それぞれが高くなりつつあると言えるでしょう。

次に、なぜ辞めるのかについて、大企業の退職者の背景・理由に関して次のような数字を紹介しています。
①賃金、勤務条件、人間関係への不満（それぞれ八・八％、八・二％、八・二％）
②結婚・出産など生活上の理由（それぞれ八・六％、九・二％）
③より良い会社が見つかったなどのステップアップ（九・二％）
④倒産などのやむをえざる非自発的理由（八・二％）
これらの「理由」はたぶん、三十年前、四十年前にさかのぼっても変化はないと思わ

れます。それぞれがよくわかるのです。たださまざまなデータをみると二〇〇〇年前後が数字の屈折点になっています。それは一九九七年からの前述のような不況で、多くの企業が採用を絞ったことが原因であることは容易に推測できます。

もうひとつデータを見てみましょう。というのは「真実」に接近するにはたくさんの情報が必要だからです。新聞に書いてあったとか、テレビやインターネットで見たなどというのは情報の部分でしかなく、しかも間違っている可能性が高いのです。

海老原《えびはら》嗣生《つぐお》さんという雇用問題のプロがいます。この人はリクルートワークス研究所が発行している「Works」の元編集長です。

海老原さんは『雇用の常識「本当に見えるウソ」』（プレジデント社）という本を書いています。この本によりますと、世間の常識は事実に反していることが多いということがわかります。

**世論を導く「掲載率」**

海老原さんはとても大切な比較表を作っています。これは日本、アメリカ、ＥＵの勤

**日本、アメリカ、EUの勤続年数（1992〜2000年）**

| | | 日本 | アメリカ | EU |
|---|---|---|---|---|
| 平均勤続年数（年） | 1992年 | 10.9 | 6.7 | 10.5 |
| | 2000年 | 11.6 | 6.6 | 10.6 |
| 勤続年数1年以下（労働力人口に占める比率、%） | 1992年 | 9.8 | 28.8 | 14.2 |
| | 2000年 | 8.3 | 27.8 | 16.6 |
| 勤続年数10年以上（労働力人口に占める比率、%） | 1992年 | 42.9 | 26.6 | 41.7 |
| | 2000年 | 43.2 | 25.8 | 42.0 |

（出典）Employment Stability in an Age of Flexibility, Peter Auer and Sandrine Cazes (eds.) Geneva: International Labour Office, 2003, P. 25.

海老原嗣生『雇用の常識「本当に見えるウソ」』（プレジデント社）より

続年数を比較したものです。日本の勤労者の勤続年数の平均値は一九九二年も二〇〇〇年も一〇年を超えていますが、それに対してＥＵはほぼ日本と同じで、アメリカは六・七年、六・六年とだいぶ短くなっています。

また勤続年数一年以下の比率をみますと、日本は九・八％（一九九二年）と八・三％（二〇〇〇年）ですが、アメリカは二八・八％（同）と二七・八％（同）と比率が高く、ＥＵも日本の二倍に近い状態です。

また図表は煩雑になるのでいちいち紹介しませんが、高卒の三年以内の離職率は、ここ二十年あまり変化していません。しかし大卒の離職率は若干増加しているのです。なぜでしょうか。海老原さんは九〇年以降に大学進学率がアップし、大卒者が三〇％以上も増えたからだと指摘していますが、まったくそうなのです。新しく増えた大卒者はかつての大卒者が入った職場に入れず、もともとは高卒者が入っていた条件の良くない職場に行くようになったのです。それで離職率が増加しているのです。

そのこととあわせて、派遣や請負あるいはパートなどの非正規社員の増大も「大問題」となっていますが、実は正社員の数は減っていないのです。では増加した「非正社員」は誰《だれ》なのでしょうか。次に紹介するように、若者の場合は高卒の女子であったり、主婦であったり、六十歳を過ぎていったん退職した人であったり、自営業からの移動や学生などさまざまです。**正規社員から転落して非正規社員になっているということは傾向としてはなさそう**なのです。

しつこいようですが、もうひとつ紹介しましょう。若者の雇用問題の第一人者といわれる小杉礼子《こすぎれいこ》さん（労働政策・研究機構の統括研究員）が調べた結果では、二〇〇二年以降二〇〇八年までの景気が良いときには大卒者の正規雇用は増加したのですが、「高校卒の女子」の雇用状況が悪化しています。正規雇用は三四・六％ですが、非正規雇用が三九%にも上っているのです（「Business Labor Trend」2009.10）。

ただし小杉さんは同じレポートの中で、北海道札幌市と長野県岡谷市での若者の就職に関する調査結果を報告しています。それによりますと、二十歳から三十四歳の男性のキャリアは、長野県の製造業の多い地域では、高校や専門学校の卒業生が正規雇用での定着型が多く、それに対して北海道の場合は高卒はもとより大卒であっても非正規の短期雇用が多いとのことです。こういう数字を見ていると、サービス業もよいのですが、平均値では工場のほうが、職場生活や人生設計ということでは、よりよいということが言えるようです。

## ニュースは常に極端である

マスコミの用語に「掲載率」という言葉があります。この言葉を知ったのは、共同通信という通信社で時評めいた原稿を寄稿していたときのことでした。共同通信や時事通信という通信社は、ニュースや原稿（記事）を地方紙に配信しますが、配られたニュースや原稿のどれを掲載するかはそれぞれの地方紙の判断で決まります。

多くの地方紙に載せられた記事は「掲載率が高い」と言われます。書く以上は掲載されるほうがよいに決まっています。するとだんだん、掲載されやすいような見出しや内容になってくるのです。ですから何かを比較した数字を紹介するときに、「基本は変化していません」よりも「ついに変化!」とやったほうが人目をひくということになります。

例えば生活水準ということを考えれば、世の中は昔から比べればずっとよくなっています。一九六〇年代の若者の貧しさと比べますと、現代のフリーターの若者のほうがずっと暮らしは向上しています。もちろんネットカフェで暮らすという人もいるでしょうが、それが話題になるのは例外的な存在だからです。私が郵便局で働いていたときのように、皆が食事を抜きあるいはインスタントラーメンだけであるなら、それはニュースになりません。

小さくなっているのはたぶん「将来への夢」です。「今日は昨日よりもよい。明日は今日よりもよくなる」という期待が持てないのでしょう。

なお、城繁幸さんの前述の本は、年功序列制度に自分の生活と仕事の未来を託せなくなっている若者のことを書いたものです。内容は国家公務員の一種や、三代続いた銀行マンなど、大卒の中でも比較的エリートであり恵まれた若者たちの、バブル崩壊後の「世代的な不幸」が議論の対象になっていますが、大企業の採用側の裏話や若者の心情などの事例が実に面白い本です。

もっとも年功序列というと、年齢と勤続年数によって昇級や昇進するように思われてしまいますが、それは日本の職場の実態を表していません。残念なことですが、人間には「能力」や「努力」に差があり、それによって仕事や立場が変わってくるのはやむを得ないことと思われています。日本の多くの企業が、社員の働き方を上司が評価する、いわゆる「査定」によって昇級も昇進も異なり、二十年、三十年とたつうちに、職場で大きな格差ができるのが現実であることは明らかです。いわゆる「出世競争」は昔から激烈でした。

ただし賃金の「生活給」といわれる部分は多くの企業で、定期昇給によって三十代の中頃までは毎年上がり続けたのです。つまり大企業の場合は、頑張らなくても最低限の生活は保障されていました。それが近年になって厳しくなったのは、**頑張らないという**

**生き方が許されなくなってきた**からです。

また九〇年代前半までと、二〇〇〇年以降を比べてみると、日本の大企業では役員の給料は増加し、株主への配当も増えましたが、従業員の賃金は減りました。その辺に関してはロナルド・ドーアさんの『誰のための会社にするか』（岩波新書）という本に詳しく書かれていますが、ここ十年以上ずっと景気に関して明るい空気がなかったのはこれが理由です。ほんの一部の人間は急速に収入が増加したのに、圧倒的な多数は収入が減っているのですから気分が明るくなるわけがありません。

ただ、このことに関しても「物価が下がっているのだから生活レベルは下がってない」という反論もあります。しかし「給料が減る」というのは、実感として嬉《うれ》しくないものなのです。しかも、給料は増えていないのに職場での同僚との競争は激化しています。それは企業間の競争がより激しくなっているからです。というのは一九六〇年代のように、毎年一〇%も経済が成長すれば、どの会社も一緒に成長することができましたが、それがせいぜい一%とか二%の成長といったことになると、会社ごとの差ができてしまうのです。しかしそうした事実は、会社の採用に関するホームページには載っていません。

## 「就職情報企業」の仕掛け

学生たちの生活を大きく変化させたのは、九〇年代の後半から見られるようになった就職情報企業の発達です。九五年に「ウィンドウズ95」が発売され、パソコンが急速に値下がりし、インターネットが爆発的に普及することによって「就活」が劇的に変わりました。つまり、リクルートや毎日コミュニケーションズなどが、「就活」をビジネスとすることに成功したのです。

私のゼミ生もこれらの会社で働いているので批判的なことは言いにくいのですが、これが実に困った存在になっています。就職ビジネスの基本は、就活側と採活（採用活動）側の双方への「情報」の提供にあります。それはたしかに必要なことですし、学生の増大とインターネットの普及は、この「産業」の誕生を必然化しました。

しかし「過ぎたるは猶《なお》及ばざるが如《ごと》し」なのです。物事は程度を超えてゆきすぎると不足していることと同じようによくないのです。就職情報企業が次から次へとそれぞれの業界へ参入し、「就活商品」を開発して学校へ売り込みます。かくして大学は毎週のように就職のセミナーを開き、インターンシップを授業として認定し単位にして……と、学生は勉強よりもまるで就職活動をするために学校に来ているかのようになったのです。勉強だけではありません。バイトもサークルも「就活」に結びつけたりしています。そしてついには、一年生が入学したとたんに「就職相談室」にやってきて「進路相談」などをし始めるのです。

就職情報企業の営業マンによる「持ち込み情報」の多さに、学校はほとほとうんざりしています。そのような状況を見ているので、私のゼミから飛び立った若者たちの「営業活動」がかわいそうになってくるのです。

「ナビサイト」への登録から始まって、各大学や専門学校内で毎週開かれる「就活対策」の講座の請負、そしてドームを借りての巨大な会社説明会など現代の若者にとって、就職情報企業はなくてはならぬ存在です。しかしその「情報」の多くは、残念ながら「いかがわしい」ものであるといえるでしょう。

『就活のバカヤロー』（石渡嶺司《いしわたりれいじ》・大沢仁《おおさわひとし》著、光文社新書）というベストセラーがあります。

この本は「就活における諸悪の根源と言われているのが、リクルートや毎日コミュニケーションズをはじめとする「就職情報会社」である」と断言しています。たしかにこうした会社が各種の「就活」情報の提供や適性診断ツール（ＳＰＩ）の開発などを含めて、企業と学生の双方を煽《あお》っています。

就職情報企業の「商品」は学生の就職活動と企業の採用活動そのものですから、就職活動（シューカツ）が広く深く長期に行われれば、それが利益の増大につながります。ですから、なるべくなら一年生から全員を学校ぐるみで「シューカツ」に取り組ませたいところでしょう。それゆえ学校には各種の「シューカツ」に関するメニューの売り込みが殺到します。十年間私が見てきた結果では、「シューカツ」のほとんどが、気休めにはなるかもしれないが、無意味であり無駄なことです。

問題は就職情報会社だけではありません。仕事をしていない若者向けの就職支援サービスという名目で二〇〇四年から始まった、経済産業省による「ジョブカフェ」の地域での取り組みなどを見ていると、実に途方に暮れるようなメニューをそろえています。

例えば、地域ごとに会社の合同説明会などを開くのはよいのですが、その説明会へ臨むための説明会なども開いています。きりがありません。

あるいは「内定者フォローアップガイダンス」などというものがあって、何をやっているのかと思ったら「給与明細の見方」「採用担当者（会社）とのコンタクトの取り方（お食事会、研修会等）」「内定をもらってから入社までの過ごし方・注意すべきこと」などを教えるとのことです。過保護というのはこのようなことを言うのでしょう。給与明細などはもらえばすぐわかるし、わからなかったら聞けばよいことで、こんなことは中学生でも困りません。あるいは会社とのコンタクトなどは会社側もきちんと基本的なことは連絡してきます。

「大学院生や大学生あるいは専門学校生」を対象としているそうですが、「箸《はし》の上げ下ろし」という言葉がありますが、もし本当にこんなことで悩んでいる学生がいるとしたら、その学生は自分で恥をかいて学習する以外にないと私は思います。

このようなことになるのは、学生の必要性よりも「ジョブカフェ」自身の必要性からでしょう。人間には「自分の仕事の領域」を拡大するという「意欲」があります。しかし上伊那《かみいな》貨物自動車のように、相手に喜ばれるならよいのですが、相手に迷惑がられては本末転倒です。「過ぎたるは……」の典型でしょう。

しかし親は学校の就職率が気になり、学校がどれだけ熱心に就職活動に取り組んでいるのかということに大きな関心をもっており、学生もまた先輩の「シュー熱」に煽られて心配を募らせます。三年生の前期から気もそぞろというのはまだしも、前述のように、入学したての一年生が就職相談室にやってきたりするのはいかがなものでしょう。

## 会社の短所は表に出ない

こういう状態ですから、大学としては「就活対策」をせざるを得なくなるのです。またジョブカフェがそうであるように、その対策の関係者はそれが仕事である以上、一生懸命、就職に役立ちそうなことに取り組みます。つまり担当者が熱心であればあるほど「シューカツ」の領域が広がってしまうのです。まさに悪循環です。しかも「就職情報企業」による「情報」の「質の悪さ」はかなり問題があるといえるでしょう。

サイトで紹介されている**「会社情報」は、「まったくのウソ」はないでしょうが、かぎりなく「誇張」されているし、「都合の悪い情報」が反映されない**のは当然のことです。『就活のバカヤロー』によりますと、サイトに掲載されている「企業情報は、ほぼすべてが「広告」である」。その「企業情報は決められたフォーマットに従って作成されたものであり、一見すると記事のようにも見えるが、企業の側の都合でつくられたもの」なのです。

学生も自分を飾るために「厚化粧」をしますが、企業もまた「厚化粧」なのです。情報会社が「人気ランキング」などを発表して意図的に「競い合い」をさせるので、なおさらかっこよく見せようとします。もちろんそれでもお互いが「相思相愛」としてマッチングすればよいのですが、素顔が見えたときにどうなるでしょう。

サイトにかぎりません。新聞や雑誌、あるいはシューカツ関連本などに登場している有名企業の人事部長の発言などにも、事情を知っている者から見ると「その厚化粧ぶり」には噴飯ものと言いたくなるものがあります。

例えば、通信教育や出版あるいは語学や介護関連ビジネスにまで乗り出している某企業の人事担当者が、採用側として「学生に深みや広さ」を求めているのを見るにつけ、びっくりしています。おいおい！　安月給と長時間労働のため入社一、二年で半分近くの新人が辞めてしまうのはどこの会社だ、と。また、添削や校正作業を外注するのはいいけれど、支払いが世間相場の半分以下で、引き受けた人間も他《ほか》が見つかればすぐに辞めるのがおたくではないのか、とちゃちゃを入れたくなったりします。

あるいは某広告会社なども同様です。「発想力を求める」などと言っていますが、そうした人材を求めていることは事実だとしても、その某社の採用の多くは大企業の重役の子弟であり、それによってコネで広告集めをしていることは業界人なら誰でも知っていることです。「コネ力を求める」の間違いではないのかとクビをかしげるのです。

しかしやむを得ないのです。個人も法人も自分の欠点を隠します。学生には「長所と短所」を書かせる会社も、自分の短所は書きません。もちろん短所がいけないというのではありません。どんな組織にも積極的に言いたくはないことはあります。

## 厚化粧された「情報」の処理

会社も学生も自分で厚化粧をしてしまうのはやむを得ません。しかしなんとかして「素顔や素質」を見たいと思っています。とくに会社側は数十人の募集に対して数千人が応募してくるので、採用費用に換算しますと一人につき何百万円もかかることになります。当然ですが、会社は調査のコストを下げたいと思っています。しかもなるべく簡単にそれができればなおよいのです。

前掲の本のなかで浦坂純子《うらさかじゅんこ》さんが、「情報の非対称性」という概念を使ってその辺を説明しています。

浦坂さんは学生も会社もお互いに厚化粧しているので「結局、お互いがお互いの情報を完全にはとらえ切れず、偏りが存在して」しまうので（この「偏り」つまり情報の不完全さを「情報の非対称性」という）、それを乗り越えるための方法の一つとして「学歴」を利用すると説明しています。

とくに大企業へは何万人ものエントリーがあります。その応募者の善し悪しをどうやったら調べることができるのか。時間とお金と人手がいくらでもあるならよいのだが、どこもそのような「資源」は限られている。そこで行われるのは「求職者の属性に関《かか》わる過去の平均値を手がかりにして見抜こう」とする方法です。

「属性」というのは「人やモノに属し備わっている固有の性質や特徴」ということです

が、その中には運動能力とか芸術的才能とかいろいろありますが、当然のこととして学歴や学校歴が含まれます。その「歴」の過去のパフォーマンスを見れば、かなりの確率で「平均値」を求めることができるのです。

例えば、A校はきちんと勉強しないと卒業できないから専門をしっかり勉強しているとか、B校は誰でも卒業させてしまうから学力があてにならない、といったことがはっきりしているのです。もちろん例外はいくらでもあるのですが、大筋で判断できればそれでよいのです。

この「統計的差別」は「平均的に間違いの少ない判断になることは知られてい」るので、大いに利用されるのです。とはいえ、良い会社はこの「歴」は、部分的な利用に限定しているようです。「歴」は立派だが、自分の会社には向いていない、ということも当然多いのです。実に不愉快でけしからんことなのですが、海老原さんや小杉礼子さんが指摘している数字は浦坂さんの主張を、ある程度裏づけているのです。

## 大切なのは潜在能力

企業が「資格」の取得などを事前に求めないのも同じ理由です。**大切なのは潜在能力であって、ビジネススキルではありません。**企業は仕事に必要な教育は自社内で行います。つまり必要なビジネス上のスキルは身につけさせることができるので、「育つ」可能性の高い人材を採用することになるのです。しかも大企業の場合は大量採用をするので、中途採用の必要もあまりありません。学生の側からすると一発勝負で終わりに思えてしまうのです。

受験勉強や日常的な学校での勉強は、自分の頑張りがある程度テストに反映されるし、スポーツをはじめとしたサークル活動なども練習は結果として反映されます。またそのことがうまくいかなかったとしても、それは自分なりに納得できます。しかし、就職活動は二十年間というそれまでの人生の日々が反映されるので、まるで「人格」が否定されたかのように思えてしまい、苦しくなってくるのです。

でも、ここでとくに強調しておきますが、就職試験での最初の勝利がそのまま最後の勝利につながるとはかぎりません。実際の人生では、第一希望や第二希望の失敗はマイナスにはならないものなのです。

過去の「就職事情」をみますと、その時代の花形産業に採用された人が「不遇」だったりしているのです。それは産業構造が変わるからに他なりません。例えば戦前から戦後にかけては繊維産業が全盛で、多くの秀才が繊維産業に行きましたが、一九六〇年代の終わりにはピークアウトでした。また化学産業や映画産業なども六〇年代までは華やかでした。繊維の次が鉄鋼や造船で、それに家電メーカーなど、電機・電子関連産業が続きました。また並行してデパートがもてはやされました。そのころはスーパーマーケットやコンビニあるいは物流などは一段低く見られていたのです。つまり「統計的な差別」を含めて、若いうちに勝利したかに見える人生が逆転してしまうことも多いのです。そしてそのことが人生を楽しいものにします。

あえて会社名は挙げませんが、第一希望に落ちて、二番手、三番手の会社や産業に行った人間ほど、産業構造が変わることによって成功したという現実があります。三十年、四十年という職業人生は何度でもリカバリーするチャンスに恵まれていると思ってよいでしょう。

「就社」ではなくて「就職」をといわれるのはこのことと関連しています。「就活」は会社選びであって「職」選びではないといわれているのですが、たしかにそのような面があります。しかしそれは必ずしも悪いとはいえない理由を以下に述べます。もちろん「職」で選べればよいのですが。

## 好きな仕事をどう見つけるか

もう十年以上も前のことです。岩波書店から『日本会社原論』(一九九四年)という全六巻のシリーズ本が発刊されました。さまざまな角度から日本の会社を論じたものですが、その第四巻のテーマが「就職・就社の構造」というものでした。その中で「法人論」の第一人者である奥村宏《おくむらひろし》さんが、昔、朝日新聞社が発行していた週刊誌の「朝日ジャーナル」に一九八七年に寄稿した「「就社」ではなく、好きな仕事の発見を!」というエッセイを再録しつつ、次のように論じています。

「欧米では職種、すなわちどういう仕事をするか、ということで求職者は職業を選ぶが、日本では、どういう仕事をするのかよくわからないままに会社に就社する」

たしかにそうなのです。親や学生の側も「平均的に間違いのない」「統計的な差別」

を利用せざるを得ないのです。「中途退職が少ないのはよい職場だからだろう」「給料もよい」「世間的に見栄えがよい」「地域で評価が高い」といった消極的な選択基準も強い動機になってきます。もちろん面接ではそんなことは言えないにしても、です。

また大企業は内部にたくさんの職種がありますので、配置転換を繰り返すことによって、適性を判断することもできます。繰り返しますが、「自分がどのような仕事に向いているか」がわかる人は多数派ではありません。やってみて、働いてみて「自分はこんなことが面白い」と発見したりするのです。ですから「就社」もやむを得ない選択なのです。

また欧米といっても、アメリカ、イギリス、フランス、ドイツはそれぞれが「文化」をもっているので、その反映で職場の習慣が異なります。例えばドイツでは、マイスター制度（職人が職人を育てる）があり、技術の養成が会社の外側で行われる仕組みがあったりします。この場合は「職」を選んでトレーニングをするので、「就職」になります。しかしドイツでも、十代でそんな簡単に進路を決めてしまってよいのか、といった議論があるので、良い悪いはなかなかいえません。

アメリカにしても「アメリカの若者は日本の若者のような大企業志向はない。可能性のある中小企業を選んだり自ら起業する」といった意見もあり、たしかに日本よりもその傾向が強いのですが、有名大学卒業生の半分は大企業に就職しているのが実際です。

終身雇用制度も同様です。もともとこの用語には問題がありました。終身というなら死ぬまで、ということです。アメリカの大学教授の一部は本当に終身です。九十歳を過ぎようと、本人が辞めると言うまで雇用され続ける制度があります。しかし日本の雇用制度は役員を除いて定年がやってきます。

数字で紹介しましたように、日本の若者が諸外国と比べても定着率が高いのは、我慢強いからなのか、会社のしくみがそうなのか、あるいは居心地がよいからなのかはわかりませんが、「終身」ではなくても「長期」であることはたしかです。しかし、UAW(全米自動車労働組合)の協約などを見ていると、アメリカの勤労者も長期雇用を望むのが一般的です(第6章参照)。

また郵便配達や消防士などが募集されると、何百倍という応募者が殺到します。それは自動車工場でも同じです。トヨタ自動車のケンタッキー工場を取材したときのことですが、地元でのトヨタの人気の高さにびっくりしました。やはり何百倍の希望者なのです。安定した職が好まれるのです。もちろんその仕事はエリートの仕事ではないので、「毎日が楽しく」「クリエイティブ」といったものではないかもしれません。

## 「仕事」と「労働」

つまり「仕事」あるいは「職」それ自体が一番の理由で求められているのではなく、「職場」のもつ賃金や健康保険、年金といった付加給付、つまり制度の総体が求められているように見えるのです。それも大切なことですし、またそうした職場の「働き者たち」の話を聞いていると、「働く」ことは一筋縄では理解できないところがあることがわかります。先ほどのトヨタの人たちの話を思い出してください。

杉村芳美《すぎむらよしみ》さんが『「良い仕事」の思想』（中公新書）という本の中で、次のような素晴らしいことを書いています。

「働くことは経済的資源や生活の手段、手段としての苦痛という以上の意味をもっている。働くことは生きることのすべてではないにしても、生きることそれ自体の重要な部分であり、生活や人生の全体とつながっている。「仕事」という言葉は働くことのこの意味合いをより強く帯びているといえる。「労働」は骨折りや苦しみを意味する「レイバー」に、「仕事」は行為や作品をも意味する「ワーク」に、しばしば対応させられる。また、「労働」が翻訳語であり、「仕事」が和語であることもニュアンスの差に関係していよう」

仕事ということを理解する上で、杉村さんが指摘する「和語」と「翻訳語」の違いはとても大事なことです。

私の何十年かの「仕事」の聞き取り調査の結果では、「レイバー」のようにいわれ、そのように見える中でも、あきらかに「ワーク」として日々を生きている人々が無数にいるという事実があります。つまり「仕事」それ自体が期待されたわけではないのに、「良い仕事」として職業生活を送っている事例がたくさんあるのです。

「良い仕事」とは何か。「良い職場」とはどういう場所かを、もう少し具体例を見ながら考えてみたいと思います。

# 第6章　公平や平等の考え方

## 郵便配達の仕事を調査して

この章では、仕事をする上での公平とか平等といった、働く者がいつも感じている大事なことを、日本とアメリカの職場に即して書きたいと思います。

わたしは高校を卒業したあと東京都内の郵便局の現場で六年間ほど働いたあと、全国の郵便局の職員が作っていた労働組合の中央本部に行きました。そこで調査部とか企画部といった部署に席をおき、さまざまな仕事に従事しました。

最初にした仕事は、「全国の仲間の労働条件」の調査でした。賃金とか労働時間は決まっていましたが、仕事の内容そのものをもう少し自分でも知りたいと考えました。例えば、雪国での郵便配達の大変さというのはどういうことだろう、と思って冬の新潟県の山の中に行ってみました。

四十年前はまだ幹線道路でも除雪が進んでいないところがほとんどで、融雪装置などもなく、田舎道《いなかみち》はひどいものでした。タイヤにチェーンを巻いた、小型の配達のクルマで行くのですが、それも途中までで、山道は徒歩でした。雪靴の下にカンジキという輪型の道具を履《は》いて、山道を必死に登りました。配達員はなれているので、さっさと歩くのですが、こちらは「こんな仕事が年に何カ月もあるのは大変だなあ」と思いながら、雪のなかで汗をかいて登ったのを覚えています。

やっとのことで十分ばかり坂をのぼったところに、十軒ほどの集落がありました。それぞれの家に郵便を配達しましたが、一軒の家宛《あて》に「書留」がありました。「郵便ですよ」と声をかけて、家から出てきた人に「書留です。判を下さい」と告げると、家の人は「こんな雪の中をありがとうございます」と繰り返し、郵便配達に感謝していました。そのころは銀行も郵便局もオンラインなどはなく、お金を送るのは、現金書留による郵便か、為替《かわせ》を送る以外に方法はありませんでした。

私は、大変な仕事だけど、「こんなにも相手に喜んでもらえる仕事というのはいいものだ」と思いました。

あるいは長崎市で、坂ばかりの道の配達を調査しました。バイクで道の下までは行けても、玄関にたどりつくのに階段の家が多くて、とても疲れる地形だと思いました。また志摩半島では、小舟による配達なども経験してみました。雨の日の郵便配達は自転車もたいへんだけど、船もとても大変でした。

配達だけではありません。昔はトラックや飛行機だけではなく、郵便専用の車両があって、東京から名古屋とか、東京から仙台へと、国鉄（現在のＪＲ）の夜行列車にそれをつないで郵便を運んでいました。車両の中では、途中の小田原、静岡、浜松といった駅でその地域の郵便を下ろすために、東京を出発した瞬間から、地域別・方面別に区分作業がおこなわれていました。真夏で冷房もなく、みな下着姿で、腰にタオルをぶら下げて汗だくのなかの作業でした。

全国組織の労働組合でしたが、そのように働いている場所（地域）によって、働き方がまったく違っていました。都会の混雑した道路での配達も大変ですが、地域や職種による苦労や悩みがさまざまであることを知りました。それは、賃金や労働時間は「重要ではあるけれど労働条件の一部である」、つまりお金だけでは論じきれない、という当然のことの「発見」だったとも言えます。

## お互いの仕事の大変さを知ること

こうした調査レポートを全国の職場活動家に配る月刊の冊子に書くとき、どのように記録すれば実態がよく伝わるかを一生懸命考えて書きました。反響も大きい企画でしたが、一番喜んでくれたのは、調査対象となった人たちでした。「自分の仕事のことを全国の仲間にわかってもらえて嬉《うれ》しい」と。

私自身にとっても、働くことの大切さや、その意味というものが実感できました。また自分が現場で働いていたときに感じていた、管理者への怒りとか、単純作業である仕事への不快感、といったことを改めて別の角度から考えるようになりました。それはつらい仕事をどのように克服するか、ということでもありました。

そういう仕事に耐えている仲間がいること。彼らがなぜそれを受け入れているのか。暮らしのためというだけではない別の理由もあったのです。長く働いて同じ職場でも異なった仕事に就《つ》くことによって、年長者たちは仕事のさまざまな側面を理解していたのです。部分的なことしか知らない若者との違いがそこにはありました。それは森清さんの指摘に重なります。

その調査の次に実施したのが、郵便の内勤業務と、外勤業務のそれぞれの比較調査でした。例えば、一つの郵便局に三十人の郵便配達がいて、二十七の配達区画があったとします。

その区画の内容をよく調べてみると、五年、十年といった時間の経過で、集合住宅ができたり、建て売りの団地ができたりして、家の数が変動していました。するとかつて公平だった仕事量（配達する郵便部数や配達する家の数そして地形など）が、変わってしまうのです。

しかしいちいち配達区画の線引きを変更するのも大変なので、受け持ちの配達区画を、お互いが交換することで仕事量を調整している郵便局と、そうでないところとがありました。つまり同じ職場でも、重い仕事と軽い仕事の差ができてしまうのです。

条件が変わってもそのままのところは、職人的発想あるいは請負《うけおい》的発想といって、馴《な》染《じ》みになった仕事から変わりたくない、という気持ちを大切にする職場でした。それは別の角度からいいますと、新しい仕事を覚えるのが面倒といった気持ちの表れでもあります。

小関智弘《こせきともひろ》さんの本の中に、四十四歳になってNC旋盤（数値制御の旋盤）を覚えた話がありますが（『仕事が人をつくる』岩波新書）、工場の場合でいえば、小関さんのような積極的な事例は実は少ないといってよいのです。とくに四十歳を超えた職人たちの多くは、仕事の転換を嫌います。馴染みの仕事、覚えた仕事を手放すのは面倒な面があるのです。

郵便局の場合も、馴染みの道、馴染みの家、馴染みの配達先といったコミュニケーションを含めて、新しい場所に移るのが疎《うと》ましい気分になる人がいました。その気持ちはとてもよくわかりました。

また、お互いが仕事を交換すると、そこに仕事が速い人と遅い人など「能力差」なども見えてしまうので、それを嫌う人もいました。

しかし郵便局の中には、労働組合が積極的に配達区画を交代で変えているところがありました。さしあたっての大変さを乗り越えて、面倒でも新しい地域を皆で覚えることを奨励していたのです。そのほうが、重い仕事を公平にできると考えたからです。

時間をかけて双方の職場をよく調査してみると、職場の質に大きな違いが見えてきました。公平感を考えて、区画を交換してたくさんの地域の「道」を覚えることに努力をしている職場のほうが、労働組合としての「団結のレベル」が高いことがわかりました。それは組合の会議への出席率とか、共済への加入率、組合の役職への参加率などあらゆるところでの「差」として結果が表れました。

理由は、**お互いの仕事を知ることにより、お互いの大変さとか、お互いの要求や主張の意味がよくわかるようになっていた**からです。心配していた「能力差」は、年齢による違いなどが大きく、それはお互いがカバーし合えるものでした。

こうした職場調査を地域ごと、職種ごとに、労働経済学を専門とする東京大学の兵藤《ひょうどう》剣《つとむ》先生たちに協力してもらいながら実施し、少しずつ職場の「公平化」の必要性を、わたしが編集していた冊子で組合員に訴えてきました。

しかしそのことは経営者側が考えていることとは別でした。当然のことながら経営者・管理者は「能率」を優先させていました。「誰《だれ》がより多くの仕事を、より早く、正確にできるのか」を問題にしていました。生産性を上げなければ、皆で分けるパイは大きくならない。それには能力のある人間、頑張《がんば》った人間を評価する仕組みを作らなければならないというものです。その評価というのは給料をより多く支払い、早く出世をさせるという考え方でした。

昔の労組は、そのような「個人間で競争になるやり方」に反対でした。競争になると一人一人の勤労者は、肉体的、精神的に疲労するからです。当然、労使は激しく争いました。一九七〇年代までのことです。三十年前は経営者側もまだ労務管理、人事管理の手法が幼く、また労組のほうも社会主義のイデオロギーが強く、お互いに妥協ということがやりにくかったのです。

ともあれ、この調査を通してずっと後になって、中小企業の職場を歩くようになってから気がついたことは、良い会社（皆が辞めないで定着率がよい）は、社員に積極的に仕事を覚えさせ、チャレンジさせるということでした。人を育てることに積極的な会社は、失敗したら何百万円も損失がでることがわかっていても、難しいことに挑戦させるのです。

あるいは仕事それ自体はあまり楽しいことではないにしても、賃金や休暇をはじめとする労働条件がよく、また多くの仲間に恵まれている職場も良い職場だと思います。

競争とその評価について言いますと、かつては経営者・管理者の側も、「誰がより優れているのか」という人事評価の基準がよく示せませんでした。いや、今でも「えこひいき」の批判に十分には答えることができないかもしれませんが、「目標による管理」などの手法が進んできたことと、経営者や管理者と勤労者とのコミュニケーションがしっかりしているところでは、けっこう「査定」（仕事の成績をつけること）も納得されるようになってきています。

## 平等、公平そしてストレス

しかしこの「競争」と「格差」あるいは「公平」というテーマは、いまだに大きな問題を抱えています。市場経済は、必ず同業他社との間に競争があります。競争が、技術をはじめとして物事を進化させます。会社間・組織間の競争は、その内部の個人間競争によって支えられている部分があります。つまり皆が頑張ることによって会社全体が発展するのです。いいかえるならば、会社というのは、「皆が頑張る仕組みづくり」をしているのです。

ただしそれぞれの個人に競争をする条件が、同じように与えられているかどうかも問われます。つまり「機会（チャンス）の平等」があるのか、という問いかけです。あらかじめ良い仕事を与えられる人と、恵まれない仕事に配置される人とに分かれているかもしれません。いや企業が大きくなればなるほどスタートは公平なものではなくなっていきます。恵まれた仕事はもともと希少なのです。

「機会の平等」の逆の考え方が「結果の平等」です。それは頑張っても頑張らなくても、給料も地位もみな同じにせよ、という考え方です。しかしそれでは多くの人が努力しなくなる、というのは当然のことです。

といってもそれは、産業のタイプ、企業のタイプ、大きさといったことによっても異なっているので、平均的なものではありません。ただ、内部に競争や格差なしに成り立つ企業・組織は、存在しないといってさしつかえないのです。

このような職場調査がその後の、仕事・労働に関する、私自身のものの見方や考え方に大きな影響を与えたのはいうまでもありません。

現在の私は主に中小企業の職場を訪ね、そこで働く人たちから話を聞いて、その意味や普遍性といったことを書くことを仕事としています。そのとき「誰がどのようにして金属を加工したり、あるいはものを作ったりしているのか」「その技術や技能をどのようにして身につけたのか」「人は職場でどのようにして成長するのか」「達成感とか、喜びやつらさをどのようなときに感ずるのか。そしてそれをどのように克服するのか。あるいはしないのか」「そのようなことが社会全体とどうかかわっているのか」といったことをいつも念頭においています。それは何千人という人から話を聞いてきた「原体験」によるといってよいでしょう。

インタビューに行くと、多くの職場の人は生き生きと仕事の説明をしてくれます。多くの仕事は工夫や努力なしに成り立たないので、どの人も話すべきことがあるからなのです。またその努力や工夫は必ずしも「競争」を目的とはしていません。というより、**人が努力するのはそのほうが楽しかったりするから、**ということも多いものなのです。

とはいえ職場には必ず、大なり小なり競争やプレッシャーがあります。それは、皆は難しい仕事ができるのに自分はできない、同僚はよいアイデアが思い浮かぶのに自分にはできない、あるいは仕事の目標が自分だけは達成できないといったことや、もちろん先輩による苛《いじ》めなどもよくあることです。また楽しくない仕事や、早くその場から逃れたい仕事もあります。繰り返しになりますが、たとえそれが「絶対に必要な仕事」であっても、嫌なことというのはあるものなのです。しかし誰かがやらねばなりません。会社が採用条件の一つとして「ストレス耐性」を重視するのは以上のような理由があるからです。

キャリア・カウンセラーの第一人者であり、学生たちの悩みを汲《く》み取った「就活本」の傑作『就職迷子の若者たち』(集英社新書)の中で、小島貴子《こじまたかこ》さんは次のように述べています。

「企業が採用に当たって、運動部での活動を熱心にやってきた学生や、偏差値の高い大学の学生をややもすると優遇する傾向があるのは、そうした学生に、この我慢強さ＝耐性があると考えられるからだと私は見ています。

時に理不尽《りふじん》に感じる辛い練習にも、強くなりたい一心で耐えてきた運動部の学生や、難関大学に合格するために、なぜこんなに勉強しなくてはいけないのか、という大きな疑問をねじ伏せて受験勉強をやり抜いた学生なら、しんどくても「もう少し頑張ってみよう」という耐性があるのではないか、と採用側が考えるのはごく自然なことです」

## 理想は誰によって実現するのか

しかし競争や格差ということに関しては、「当然」であり「しかたがない」という意見に対して、積極的に「それはいけない」と主張する考え方もあります。

熊沢誠《くまざわまこと》さんという学者がいます。甲南大学で教えていた労働経済学の先生です。彼は職場における働く者の公平と自主性、ということを主張しています。それは、経営者には経営者の考え方や立場があるが、働く者には働く者の考え方と立場がある、というものです。

熊沢さんに言わせれば、もともと「機会の平等」そのものが虚構なのです。貧しい家に生まれ、学ぶという環境もチャンスもなかった人間と、子供の頃《ころ》から家庭教師がついたような人間との間に、競争条件が平等であるわけがないのです。世の中にはあらかじめ敗れている人たちもいるし、競争したら敗れる以外にない人たちがいるというのが、熊沢さんの主張の根拠となっていました。彼は次のように言います（『格差社会ニッポンで働くということ』岩波書店）。

「恵まれない階層の出身者はたいてい生涯的にも世代的にも同じ恵まれない階層にとどまることになります」「恵まれた仕事やポストは相対的に希少といえましょう。産業社会の多数者は、営々と「木を伐《か》り水を汲《く》む」ノンエリートにほかなりません。この人びとが社会を根底で支えているのです」

「恵まれない仕事や地位に就くノンエリート労働者たちが、競争の敗者としてうずくまることなく、その立場のままで、たとえば非正規労働者であっても、誇りをもって生活できるような社会こそが追求されるべきだという地点にゆきつきます」

私は熊沢さんの言葉の前でいつもたじろいでいます。彼の主張は素晴らしい真実を含んでいるからです。広がっているのは「機会の不平等」です。「恵まれない階層」が再生産されている実情は各種のデータでも明らかです。

しかし同時に「誰がどのようにしてよい社会をつくるのか」という方法論が問われて

います。「べき論」という言葉があります。「そうすべきだ」と主張するという意味ですが、「べき論」の難しさは、それを担《にな》って実行する人間は誰か、ということが欠落してしまう場合が多いことにあります。

世の中には無数の理想を語る「べき論」あるいは「プラン」や「構想」があります。しかしその多くは個人や集団、ましてや企業では担うことができないがゆえに、「政治」への期待と不満が高まることに行き着くのです。

## 年功序列の国・アメリカ

さて「政治」の話に行く前にもう少し職場のあり方、働き方の問題を点検してみましょう。日本にもかつて熊沢さんの主張のように労働者が生きてきた職場があります。その典型の一つはＪＲになる前の国鉄の職場でした。国鉄の労働組合である国労（国鉄労働組合）が、経営者と交わしていた労働協約の主要なものの一つが先任権協約と呼ばれるものでした。先任権というのは「勤続年数順」という意味です。

これはいわゆる年功序列と呼ばれる賃金体系のものでした。つまり勤続年数を基準として定期昇給を続け、頑張っても頑張らなくても「小さな格差」しか生まれないものでした。また、北海道をはじめとする地方の鉄道は、採算性を無視して経営が続けられ、その結果、職員は仕事がヒマになっても、忙しい地域に配置転換されることもありませんでした。

しかし仕事の能率は下がり、だんだん経営は大きな赤字を生みました。その全部が労組の責任だとは私は思いません。経営がうまくいかないのは、基本的に経営者の責任です。国鉄の場合も、政治家に要求されると不必要な場所に駅をつくったり、無駄《むだ》に線路を延長させてしまったりと、経営者として大きな責任があったと思います。しかし働く人々にも若干の責任はありました。「国鉄は倒産しない」と信じて、自分たちの利益に固執してしまったのです。

この国鉄とよく似たパターンを示したのが、アメリカの自動車会社であるGM（ゼネラル・モーターズ）とクライスラーの破綻《はたん》です。この二つの会社は二〇〇八年秋の、いわゆるリーマン・ショックの「金融危機」による「景気後退」で経営が破綻した、と一般的には言われています。しかし、専門家は誰もそんなふうに思ってはいません。景気後退は世界中に波及しましたが、日本やドイツをはじめとする多くの国の自動車会社は破綻などしていないのです。

GMとクライスラーの破綻は、国鉄と同じように経営の失敗と、労組による失敗とが重なっています。しかし影響の大きさということでは日本の国鉄とは比較になりません。世界的な「モデル」が崩壊したといってもよい出来事でした。それはアメリカの普通の勤労者（組合員）の側からみると、競争のない職場の崩壊であり、「平等」の死滅であり、「アメリカの夢」の挫折《ざせつ》といってもよい事態でした。

アメリカの自動車産業で働く勤労者が加入している労働組合はUAW（全米自動車労組）といいます。この労組が会社側と交わしていた労働協約こそ、取引的組合主義といわれる、経済要求を中心としたモデルでした。その基本はやはり先任権です。

アメリカの職場やアメリカのサラリーマン（勤労者）の生き方に関する通俗的な理解のひとつに「アメリカ人は積極的に職場を替え、それによって収入を増やしたり、地位を上げたりする」というものがあります。しかし事実は必ずしもそうではありません。

アメリカの勤労者も普通の勤労者は日本と同じように、ひとつの職場への定着を好みます。長期的な統計によっても、研究者による実態調査によっても、（ヨーロッパも同様ですが）転職するなど流動的な労働力は若者の特徴であり、あとは一部のエリートの特権といってよいでしょう。もちろん自分で起業するというやり方が日本より目立つとか、さまざまな違いがあることは事実ですが、それは相対的なものといってよいでしょう。日本の労働経済学の第一人者である小池和男《こいけかずお》さんの本などがそれをよく伝えています（『日本産業社会の「神話」』日本経済新聞出版社）。

なかでも自動車産業は典型的な定着型です。そしてその賃金水準や先任権協約が、アメリカの組織労働者（労働組合に加入している人たち）の到達目標としてのモデルとなっていました。例えば鉄鋼労働者、タイヤ工場の労働者、あるいは部品加工の工場の労働者といった人々はもとより、郵便労働者やトラックの運転手たち、あるいは大工さんや看護師さん、消防士といった人々にまで、定着型の勤労者の労働条件に大なり小なり影響を与えてきました。

## 膨《ふく》れ上がる先任権と公平意識

私が最初にこのことを学んだのは、何度かのアメリカ調査のときでした。私は日本国内でさまざまな職場調査をしながら、郵便事業という全体の仕組みについて考えるようになりました。それは郵便をポストから集めて配達するまでの仕組みのことです。五年、十年と経《た》つうちに、外国ではどのようになっているのだろう、日本の働き方の参考になることはないだろうか、と考え始めました。労働組合の国際組織がありましたので、アメリカに調査に出かけました。一九八〇年代になってすぐのことです。まだ一ドルが二百五十円くらいのときでした。

このときのカルチャーショックの大きさは言葉にできないものがあります。郵便の仕事についてはこれ以上触れません。「輸送の仕組み」などを除いて、それほど大きな差はなかったからです。しかし大きなショックを受けたのは先任権の徹底性でした。日本の国鉄や郵便局の勤労者とは共通性がありましたが、「公平」や「平等」という考え方が大きく異なっていました。その後、十年以上も折に触れ、モデルとなったUAWの調査を続けることになりました。

先任権とは「年功序列」に近いと指摘しましたが、要するに勤続年数の古い順に権利がある、というものです。権利は典型的にはレイオフ（一時解雇）のときにあらわれます。景気が悪くなってクルマが売れなくなったりしたときに、会社は生産調整をしますが、不要になった労働力の削減は、勤続年数が短い人間からおこなわれます。といっても休業補償もありますし、健康保険もなくなったりはしません。また退職後の年金や健康保険など、勤続年数の長さが大事な条件になってきます。勤続二十年で退職する人間と三十年間働いた人間とでは、引退後の生活の豊かさがまったくといってよいほど異なっています。

日本の場合ですと、不況になって人員を削減するときは、まずパートや請負、あるいは派遣、期間工といった人たち、いわゆる非正規社員が真っ先に排除され、正社員は最後ですが、アメリカの工場は最初から正社員が削減されます。

日常的な先任権のことをもう少し説明しますと、例えば職種間を移動（配置転換）するときには、人事権は会社にあるのですが、実際には勤続年数の古い順に希望が通ることになっています。例えば、ベルトコンベアによるラインの仕事よりも、少し時間給は安いのですが、部品を運んだり片付けをしたりする、肉体的にラクな仕事が好まれていました。また有給休暇なども、希望者が重なった場合は先任権がものをいいます。ですから夏休みなどは年配者の希望が優先されます。小さなことでは、駐車場なども先任権です。工場の出入り口に近い場所が人気で、一番よいところを獲得するのに三十年かかった、などというエピソードもあります。

## 経営者も労働者も自分のことだけを考えた

この先任権はイギリスの工場にもありますが、アメリカでより発達したのは国家の成り立ちや、労働組合の出来上がった経過とかかわっています。次々と移民が押し寄せる国なので、「公平」や「公正」といった基準に「あいまいさ」があることが好まれませんでした。

とくに、鉄鋼→鉄道→自動車という順序で発達してきたアメリカの産業の歴史をみると、労働組合の出来上がってきた理由が「差別」や「えこひいき」を否定するところにあったことがよくわかるのです。

一九一〇年代、二〇年代、そして三〇年代という昔のことですが、労働者は職を求めて工場の前に列を作りました。会社側はその中から気に入った労働者をピックアップして採用しました。また工場のなかでも、会社側つまり監督者に気に入られた者が優遇されるという時代が続いたのです。

アメリカの労働者たちは同一労働、同一賃金、公平な扱いといったことを要求して組合を作ろうとしました。最初、経営者側はギャングを雇って弾圧しました。しかし三〇年代の半ば頃に働く者に有利な労働法が成立して、ついにUAWができました。

彼らは日本のように、上司による「評価」(査定)での昇級、といったことは認めませんでした。それは「えこひいき」と「差別」でしかないと思われました。事実、そうだったからです。

またUAWが登場した後の、一九四〇年代後半からアメリカ経済は大きく成長しました。とくに一九五〇年代と六〇年代は黄金の時代と呼ばれ、賃金はどんどん上昇し、医療保険や年金などの付加給付も恵まれたものになりました。普通の労働者が中産階級になれたのです。経営者の側も同じです。巨額なボーナス(年間で何億円といった)をどんどん自分に支払っていました。なかには会社による医療保険について「会社のお金を使わなかったのは美容整形だけ」といったエピソードすらあります。

このような大幅な賃上げや付加給付の上昇のツケは自動車価格にまわされました。価格が上昇しても、アメリカの消費者はそのクルマを買う以外にはありませんでした。これを経済学では「寡占《かせん》支配」といいます。

そのような彼らに最初の危機が訪れたのは一九七三年でした。第一次オイル・ショックが起こったのです。石油の値段がいきなり四倍に上がったのです。その結果、低価格で燃費がよく、排気ガスの規制など低公害で、しかも品質のよい日本車の登場は、アメリカの労使の安眠をゆさぶりました。アメリカの消費者は日本の製品を歓迎しました。

## 製造業の基本を忘れたアメリカ

ＵＷＡと経営者はアメリカ政府に圧力をかけ、輸入規制を迫りました。その結果、アメリカの要求で日本は輸出を規制しました。しかしそれでもアメリカの消費者は日本やドイツのクルマをほしがりました。いやクルマに限らず、家電製品など電機・電子機器類や工作機械など、さまざまな工業製品も同様でした。そしてついに為替《かわせ》レートが変わりました。つまり一ドル二百四十円から百四十円へと、通貨が切り上がったのです（一九八五年）。二百四十万円で売っていたクルマを百四十万円で売らねばならなくなったのです。日本はコストダウンをしつつ、価格を上げました。値上げをしても日本のクルマは小型車を中心に売れ続けました。小型車は利益が少ないのでアメリカのメーカーは作りたがらなかったのです。

また円とドルの比率が変わる前から、つまり八〇年代に入った頃から、アメリカ人の雇用が喪《うしな》われてしまうという声が強くなっていました。そして同時に日本で作ったものを遠くまで運ぶことのロスや、もともとモノは消費者に近いところで作ったほうがよいに決まっていますので、日本の製造業はアメリカのあちこちに進出し、自動車メーカーも八〇年代に入ってから、現地にどんどん工場をつくり始めました。

燃費がよく品質が良いので故障もない日本車はアメリカの消費者に受け入れられました。それと同時にドイツのクルマも品質と燃費そしてブランド力により、アメリカで売れました。ビッグスリーといわれた、フォード、GM、クライスラーは、大型車を中心とする生産にシフトし利益をあげていましたが、燃費や品質といった基本的なところでの「技術革新」を行いませんでした。今では韓国のクルマにも負けています。日本車が一リッターで一五キロ、一八キロと走れるのに、アメ車は六キロとか七キロといったありさまとなったのです。つまり製造業としてもっとも大切な、「製品を進化させる」という「研究・開発」を怠ってしまったのです。

その代わりにアメリカの経営者がやったことは「金融取引」でした。「日本経済新聞」(〇九年五月十一日)によりますと、二〇〇四年のGMの最終利益に占める金融事業の割合は七八%に上っていたといいます。クルマという本業ではなく、ローンの金利などで利益を得る体質になっていました。また経営者たちは相変わらず、何十億円といったボーナスを受け取っていました。金融危機で破綻したのは当然といえるでしょう。GMやクライスラーの破綻は、日本の一部の経済学者やエコノミストがいうように、製造業はもう古く、先進国の仕事ではないからではなく、製造業の基本から外れた結果なのです。

もちろんUAWも経営者もこのような危険性にある程度は気がついていました。しかし何十年と続いた幸福の仕組みを、自分の手で変えるのは難しすぎたのです。彼らは日本の国鉄の労使と同じ道をたどっています。人間とその集団は、自分たちの利益が不合理なものになっていても、それを手放すことはできないようです。しかし不合理なものは最後に破綻します。

ではGMとクライスラーの破綻は日本の自動車メーカーにとってハッピーなことでしょうか。決してそうではありません。とくに日本メーカーのアメリカ工場の賃金など労働条件は、UAWの一〇パーセント引きが相場でした。やはりUAWをモデルにしていたのです。これからはそういう基準がありません。逆にUAWの賃金が日本のメーカーの賃金にまで下がることになるのです。当然のことです。

しかしモデルをつくり、モデルになるというのはとても大変なことで、まねるモデルがなければ、今度は自分でそのモデルをつくらねばなりません。どんどん賃金を下げるのでしょうか。それとも付加価値の高いものを市場に送り続けて、労働条件を守るのでしょうか。答えは明らかです。付加価値の高いものを作らねばならないのです。それは職場での生産性の向上を意味します。ということは人々の競争の深化という側面が強まり「ストレスの増大」にもつながるのです。

グローバル化するというのはこのようなことです。日本の職場の労働条件も、陰に陽に世界の影響を受けるようになっています。しかしそうなのですが、人間には状況をよりよい方向に変える知恵も力もあると私はまだ考えています。

# 第7章　「職業」と「道楽」について

## 夏目漱石の職業観

前の章まで、職業について、私はさまざまな事例を紹介してきましたが、働くことの意味については、これまで多くの人が論じてきました。ここではその代表例の一つである夏目《なつめ》漱石《そうせき》の意見を紹介します。夏目漱石は「道楽と職業」（『私の個人主義』講談社学術文庫所収）の中で、次のように述べています。

「職業というものは要するに人のためにするものだという事に、どうしても根本義を置かなければなりません。人のためにする結果が己のためになるのだから、元はどうしても他人本位である」

しかし「他人本位では成立たない職業があります。それは科学者哲学者もしくは芸術家のようなもので」、これらの仕事は「道楽」である、と漱石は言っています。

ここでいう「他人本位」とはどういうことかというと、報酬を得るために、他人との関係の中で「己を枉《ま》げ」ざるを得ないことを意味します。つまり「職業（人）」というのは、なんらかのかたちで、自分の考えや意思を通すことを我慢したり、不本意であっても相手の言い分を受け入れたり、と自己を抑制する（枉げる）ことが伴うことになる、というのが漱石の指摘です。

また、これに対して芸術家や哲学者のような存在は、「道楽本位」（自己本位）であり、「己」が必要とすることや思うことを実行するのが大事であって、ある意味では「わがまま」なものであり、それは物質的な報酬が期待できないものであり、またそうでなければ成り立たない、と言っています。

この漱石の講演は一九一一年（明治四十四年）のものですから、もう百年も昔の話です。しかし本質的な指摘として今も説得力を失っていません。

もちろん今日では芸術家も哲学者も科学者も、ずいぶんと世間と妥協している人が多いのも現実です。例えば、内容よりも「どうしたら本がたくさん売れるか」とか、「テレビなどマスコミに登場して売れっ子になりたい」と考えて一生懸命がんばる、といったように、けっこう「他人本位」な「道楽」で活躍する人もいます。

ですが、哲学も芸術も科学も「現実と無関係」ではありえず、何らかの形で世に「必要とされる」、あるいは「かかわりあう」ことによって成り立っており、時には「売れたり」することがあってもよいことなのでしょう。また「自己を枉げる」ことも、それほど苦痛ではない場合もあるし、もともとさしたる「自己」を持ち合わせていないのが普通なのかもしれません。

ただ、この「自分本位」ということの意味をもう少し別の言葉でいうと、それは「自己実現」という言葉とかかわっています。ここでいう「自己実現」とは、以下で述べるように、自分で思うこと、考えていることを実行することによって生きていける、という人間にとって理想的な状態を意味します。

## 「自己実現」と人間の「欲望」あるいは「夢」

第4章で少しふれましたが、A・H・マズローという、アメリカで心理学会の会長をしていた有名な学者がいました。このマズローが、人間が行動する根拠となる「欲求」

に関して分析しています。それは「欲求」には、いくつかの種類と階層がある、ということです。

マズローによれば、人間の欲求はまず①基本的な欲求として生理的なもの、次に②安全であることへの欲求、そして③社会的な欲求（所属と愛の欲求）、④尊敬・自尊の欲求（承認の欲求）、⑤自己実現の欲求、の五つの階層があるといいます。四番目までの欲求は、それより上位の欲求が実現されると、人間を次の行動に結びつける動機づけとしては弱いものになってしまうが、五番目の自己実現だけはいつまでも重要性が低下しないものである、

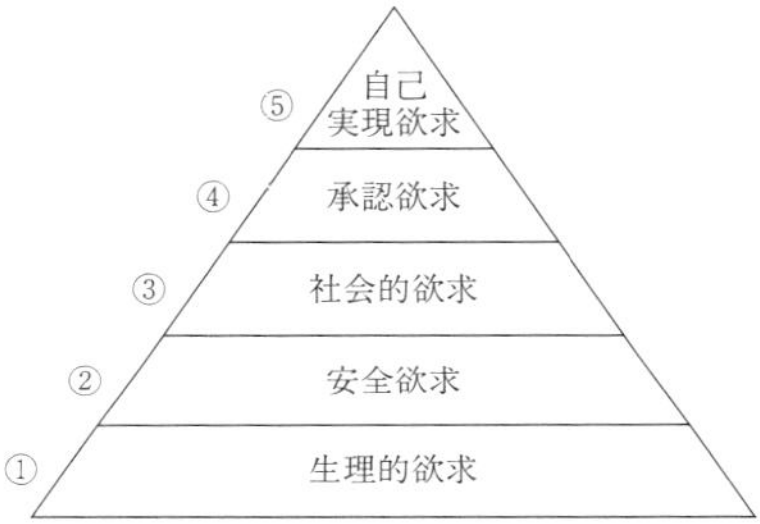


マズローの欲求段階説

ということが指摘されています。

もう少しこの五つを詳しく見てみましょう。まず①は誰《だれ》にでも理解できます。どんな動物でも持っている、生存への最低条件の欲望です。食べる、飲む、眠るといったことです。②は、不安や恐怖あるいは混乱といった状態から遠ざかり、安定・安全な場所と

時間の確保のことです。③の「所属と愛の欲求」というのは、自分の属する共同体つまり集団や家族との「信頼」や「愛」で結ばれた関係を指します。つまり社会的な存在としての自分を確認する作業です。次の④は、社会あるいは周辺からの「自己に対する高い評価」。名声であり栄光の獲得ですが、それは「劣等感、弱さ」が裏側につきまといます。それに対して最後の⑤は、「自分に適していることをして」いて「自分自身の本性に忠実」である状態を指します。「音楽家は音楽をつくり、美術家は絵を描き、詩人は詩を書いて」いる状態、つまり「自分がなりうるものにな」る状態を自己実現である、とマズローは言っています(A・H・マズロー、小口忠彦訳『人間性の心理学』産業能率大学出版部)。

このように見てきますと、⑤はなんとなく夏目漱石のいう「道楽」の世界と重なってくると言えるでしょう。

そしてこの④、⑤の「欲望」の状態は、実は「豊かさの中の欠乏」という議論と関連しています。つまり「ほんとうの豊かさとは」という問いかけとの関《かか》わりです。その際の「豊かさ」は「幸福感」と重なっているのですが、このような問いかけができる人たちは、①②③が実現した恵まれた人たちであるということは確かです。また就職するということは、多くの場合、共同体・集団に所属するということになりますから、③までは実現することになります。

なお、欲求や動機づけということに関して、ビジネスの現場との関連ですばらしい本を書いているのが太田肇《おおたはじめ》さんですが、このことを深く知りたいと思ったら、『個人尊重の組織論』（中公新書）を読むことをお薦めします。

## 「絶対貧困」

食べ物や飲み物を探すこと、あるいは寝るところを手に入れることだけで毎日が過ぎていく人々にとって、「豊かさとはなにか」などと考える余裕はありません。いわゆる発展途上国などの現実をナマで伝える石井光太《いしいこうた》という人がいます。この石井さんの『神の捨てた裸体』（新潮社）や、『絶対貧困』（光文社）といった本を読むと、世界のあちこちのスラムの描写が登場します。石井さんが描いている貧困は、国連が定義する一ドル以下の生活よりももっとひどいものです。

その中に、パキスタンのペシャワールという町の、アフガニスタンから来た十二歳と十四歳の難民の兄弟についてのエピソードがあります。二人は朝霧の立ちこめる時刻になるとゴミ捨て場にやってきます。紙は一キロで十円、プラスチックは四十円、ガラスは六十円で売れます。しかしそこでは何千人もの子供たちが同じようにゴミを拾っているので、一日でせいぜい六十円くらいしか稼ぐことができないとのことです。

どこの国でも共通しているのですが、スラムはゴミの集積所のそばや、大きな川の流れに沿った場所、あるいは鉄道の線路に沿ってできます。上記のようにゴミの中には売れるものがまだ含まれているし、そこで暮らしていても追い出される確率が低いからです。また鉄道の沿線は危険ではあるけれど、駅の近辺でものをもらったりする「おこぼれ」が多い場所でもあり、川ふちはいうまでもなく「水」があるからです。水は暮らしには欠かすことができません。しかもその川は、台所でありトイレであり風呂《ふろ》であったりします。

私も日本から進出した工場の調査で、インドネシアやタイの都市や地方でたくさんのスラムを見てきましたが、日本の昭和二十年代にも似たような風景がありました。

「絶対貧困」というのは、すでに述べたように一日一ドル以下の収入で暮らしている人たちを指しますが、そのような状態に置かれている人が地球上には十億人を超えているといわれています。それをボトム・ビリオン（最底辺の十億人）といっています。もっともNGO（非政府・非営利の立場で国際的な課題に取り組む組織）の人たちに言わせると、貧困地域に国連が支援する「一ドル生活」でも、場所によっては「豊か過ぎ」、難民キャンプのほうが周辺よりも生活がよいので、どんどん「難民」が増えてしまうという実態があるとのことです。

あるいは上海などをみていると、お隣の中国などもずいぶんと豊かになり、またどんどん生活は改善されていますが、それでも地方に行くと、四人、五人といった家族で月に日本円にして五千円、六千円程度の収入で暮らしているのが実際のところです。

二ドル以下の暮らしというところで線を引きますと、なんと人類の二分の一である三十億人を超える人たちが、そのレベルにとどまっているのです。

そうした絶対的な貧しさの中では、働く場所がなく、教育も受けられません。したがってできることが限られています。日本でも近年、ネットカフェなどで暮らすことにより、住民票がなく日雇いの請負の仕事しかないことの大変さが伝えられましたが、きちんとした住まいがないというのは本当に大変なことなのです。

もっとも開発途上国のスラムで暮らす人たちから見れば、日本のネットカフェなどはとても衛生的な住まい、となってしまうかもしれません。本格的なスラム、本格的な貧困のレベルというのは想像を絶するものがあります。

## 「貧しさ」と進路選択

世界にはそのような「貧困」と「格差」の中におかれた人々が存在することはたしかなことですが、日本人の多くは、このような①の欲求のレベルに置かれたままの状態からは解放されています。本人の意思があれば、中学に通うことができない人間は、ゼロではないにしてもほとんど見当たりません。定時制を含めれば圧倒的な多数が高校を卒業しています。私が高校を卒業した一九六二年頃《ころ》はまだ大学進学率は一〇％程度でしたが、それがいまや五〇％を超えるに至っているのです。

私の育った家はごく平均的な家庭でした。父親が病気で失明して働けなくなり、それほど豊かではありませんでしたが、「高卒」という学歴はごく普通のものでした。なにしろ当時の群馬県の田舎《いなか》では、中学を卒業して就職する人間が半分を占めていたのです。

すでに述べたように、私は高校を卒業してすぐに東京の郵便局に勤めました。「どんな仕事が自分に向いているか」などということは考えませんでした。少しも楽しくない田舎暮らしから解放されて、修学旅行で訪れた、きらびやかな都会で暮らせる、という期待で気持ちははちきれそうでした。田舎の平凡な日々にうんざりしていたのです。

情報がない田舎の高校生にとって、現在のように就職活動などというものはなく、先生の就職指導と親の意向ぐらいが決め手でした。私の場合は「公務員になれ」というのが親の意見でした。

私の家では、都会の郵便局に入って、何年かしたら田舎に転勤して戻ってきたらよい、と言っていました。とはいえ将来のことなどは実に漠然としたものでした。同級生たちの進路の決め方も似たようなものでした。デパートや商店あるいは工場を選ぶときの基準は、せいぜい給料と会社の大きさくらいでした。あるいは、人と接するのが好きだから、デパートや商店がよい、とか、親が工場に勤めているので自分もそうしよう、といった程度の動機がほとんどでした。

また「先輩が働いていること」も条件の中にありました。「あの人が一年、二年と勤めているのなら安心」とか「ぜひ、うちの会社に入れ、会社の食堂と社宅の飯がおいしいぞ」などという説得は実に魅力的でした。この先輩からの情報を大事にするという方法は、現在でも変わりません。

もちろん「安定」という選択基準は当時でも有力でしたが、私の記憶ではその第一は公務員ではなく、「銀行員」でした。秀才の誉れの高かった私の兄は銀行員になりました。当時は製造業や銀行員の初任給は、公務員よりも五〇%ほど上回っておりました。

郵便局だと月額九千円でしたが、町工場や銀行は月額一万四千円から一万五千円の初任給だったことを覚えています。郵便局でもらう給料での暮らしは石井光太氏が描くような絶対的貧困ではありませんでしたが、給料日の前になると一日二食になったり、二、三日はインスタントラーメンだけ、といったものでした。もっとも郵便局には宿舎がありましたので、六畳の部屋に三人の定員でしたが、スラムよりはましだったといえます。

## 「疎外される労働」

この約五十年前（一九六〇年前後）の日本の高卒の初任給と待遇が、現在のインドネシアの若者の状況と重なっています。もう少し改善されているのがマレーシアやタイです。日本の六〇年代の終わり頃の状況といえるかもしれません。若者が自分の稼ぎでバイクを買うことができます。

ただ賃金はともかくとして、東京の郵便局での仕事の内容に衝撃を受けました。お客さんと直接やり取りする、切手を売ったり、貯金や保険を扱っている「窓口」の仕事を予想して就職したのですが、そこにはまったく想像できない労働の世界が広がっていたのです。

最初に「通常係」という職種に配属されました。まだ郵便番号がなかった頃ですが、郵便物の宛先《あてさき》を読んで、区分箱に区分けをする仕事でした。それも夜の五時から翌朝の九時までという夜間作業が主でした。すでに書いたことですが、易しい仕事でしたが、それによって達成感があるとか、人間が成長するとか、技術が身に付くといったことが一切ない仕事でした。

「疎外される労働」という言葉がありますが、それは自分の意思や感情、あるいは創意工夫といったことが一切入り込むことのできない仕事でした。そのとき私が思ったのは「働くというのは奴隷に近い」ということでした。そうです、先の鎌田慧《かまたさとし》さんの指摘と重なっていたのです。

しかし十年、二十年とたって、各種の調査に従事するようになって他の仕事や作業に移るようになれば、全体が見えてきて、部分的な仕事では捉《とら》えられなかった意味も理解できるようになる、ということがわかってきました。

また一九六〇年代という時代は、労務管理あるいは人事管理の手法がまだ洗練されていなかったので、雇う側、仕事をさせる側も「人材育成」という発想が乏しく、多くの若者が企業や社会に反乱を起こしました。私の場合は「労働組合によって」反抗し、労働条件を改善しようと思いました。それがよいことだったのか、悪いことだったのかを今から振り返ってもあまり意味はありません。

ただはっきりしていることは、今と異なり「情報」がほとんどなかったということです。

## 情報が多すぎて選べない

ところが、現在の日本は昔と違って情報がありすぎて、それゆえ「職業選択」にあたって悩みが増えてきました。それはマズローのいう「所属と愛」という三段階目にかかわっています。自分がどのような組織（会社）に属するのか、という意思決定を迫られる悩みなのです。

しかし現実に経験していないことを「悩む」のはけっこう難しいことであるとも言えるでしょう。例えば「自分に向いた職種を選べ」などと言われると、途方に暮れるのが実際ではないでしょうか。

もちろん、ある程度は、外からみて理解できる仕事はあります。例えば理容師、美容師、看護師、歯科技工士、介護士、あるいは犬、猫など動物の理容・美容であるトリマーなどという職業も「見える」仕事かもしれません。いわゆる専門学校は、そのようなはっきりとした「職業目的」をもっています。

簿記、デザイン、ホテル・旅行、お菓子づくり、栄養、鍼灸《しんきゅう》、CAD・CAM（コンピュータによる設計や製造、など）……と、無数ともいえるほど「専門学校」の種類がありますが、「自分はこういう仕事に就きたい」と思えるなら、そのような目的がはっきりした学校に行くのがよいでしょう。

むろん看護師にせよ介護士にせよ、実際の仕事の現場は、外からは見えないことがあるのですが、「サービス業」というのは、たとえ表面的にせよ、多くの人が少しは理解できます。しかし現実の社会・会社は、外からはまったく見えない仕事に満ちているといってさしつかえありません。

第1章で紹介しましたが、製造業で新しい製品の研究・開発に携わることや、国際営業などのように、外国のメーカーとの間で製品の受注や発注といった仕事に従事したりすることは、内容を説明されればすぐにわかりますが、サービス業とは違って普段は目に見えないものです。この「目に見えない」こと、「知らない」ことが無数にあるということは、選択する進路もまた無数にあることを意味しています。

もちろん「無数」にあるということは、わからなくなる原因でもあります。また同時に多くの若者は、高校を卒業する十八歳、あるいは大学を卒業する二十二歳で「将来の方向」を決めることにためらいがあったり、わからなかったりするのが実際ではないでしょうか。

つまり「自分のやりたいことがわからない」のです。もっとも大学選びにしても、理工系に行くか文系にするか、ということまでは選べても、今度はその文系にしても、文学部、経済学部、商学部、法学部、社会学部、教育学部、国際関係学部……とさまざまなコースをどのように選べばよいのかよくわからないのが実情ではないでしょうか。もちろん公認会計士になりたいとか、弁護士になりたいといったことが明確な人は別です。

## 四年間の過ごし方で差がつく

モラトリアムという言葉があります。もともとは「支払いの猶予」とか「一時停止」という意味ですが、決めるべきことを先延ばしする態度のことです。それは子供の遊びで、相手にちょっと待ってもらう「タンマ」に似ています。進路が決められず、そのモラトリアムの期間が大学の四年間では足りず、大学院にまで続く学生もいます。

もちろん実際の進学先の選択はそれほど難しいものではありません。まず偏差値があって、自分の手の届く範囲の学校があります。家から通うのか、下宿をするのかといった条件も考えながら、「就職率の良い大学」を選ぶのが一般的です。「有名大企業への就職率」は偏差値とほぼ比例します。

なぜそうなのでしょうか。その理由は、先述の浦坂純子さんの本の説明にあったとおりです。過去の卒業生の平均値からみて、外れが少ないのです。間違いがあまりないといったことも影響していますが、少なくとも勉強量がずいぶん違います。

いわゆる銘柄大学が就職試験に強いのは、**採用側が求めることに対応する能力が鍛えられているから**です。問いかけにたいする答えの引き出しが、四年間のトレーニングで大きく差がついてしまうのです。しかしそれは「就職対策」の対応力ではありません。それぞれの専門に関する勉強のことです。

以前、トヨタ自動車の人事担当者の話を聞いていたら「大学名を伏せて採用人事をすると、面接もペーパーも銘柄大学ばかりが残るという、公務員試験のようになってしまうのです。ですから意識的になるべく多くの大学から採用して、いろいろなタイプの人間を入れるようにしています」と言っていました。よくわかるのです。企業というのはさまざまな異なった「血」を必要としています。同質のタイプが集まると頽廃《たいはい》するのです。だから大きな会社はなるべく多様な採用を心掛けるのです。

また学生たちを見ていますと、同じ大学に入学したのだから、いわゆる「地頭《じあたま》」も同じはずなのに、四年間で結果が大きく異なる理由がよくわかります。それは**勉強を含めた時間の過ごし方の差**です。バイトとサークルで明け暮れていた学生は知力が身に付きません。例えば面接で「学生時代に読んだ本を三冊挙げ、その印象を述べてください」などと聞かれて、何も答えられないのでは話にならないのです。

それと社会常識がないのも致命的です。新聞も雑誌も読むことなく、テレビもニュースは見ない、などというのでは「社会的な人間関係」をもつことができません。インターネットでニュースを見るからいい、と思っている若者も落第です。インターネットでの見出しをクリックするかは、自分の意志が入ります。しかし世の中の出来事の軽重や意味は、その背景や成り立ちを知ることによって、だんだんとわかってくるのです。

新聞やテレビのニュースは、世の中の出来事やその背景の説明（解説）をしますが、例えば面接のときに新聞も読まず、テレビのニュースも見ていなかったら、立ち往生してしまうことがよくあるのです。

## 「専門」を選ぶということ

新聞やテレビあるいは雑誌は、掲載率で説明したように多くは興味本位なものですが、私たちが暮らしている社会で起きている出来事を伝えています。それを知らずに過ごすというのは社会を知らないということなのです。そしてその「社会を知る」ということと、専門を学ぶということは密接に関わっています。では、なぜ専門を学ぶ必要があるのでしょう。

このことについて、絹川正吉《きぬかわしょうきち》さん（元国際基督教大学学長）が次のように述べています。少し長い引用をします。

「専門を選ぶことを通して、私たちはキャリアを模索していくのだと思います。社会人として生きる確信を築くための土台にチャレンジし、どう生きるべきかの問いと格闘しているのだと思います。自分の中に全世界がある子供時代を終えて、世界のなかに自分を位置づける時代に突入することではないかと思います」「専門を選ぶことを通して、（世の中の未知のことや不安なことに）一つの答えをあえて出していると考えたらどうでしょう」（「読売新聞」二〇〇九年一月六日）

### 企業が学生に求めるもの（複数回答）

| | 文系 | | 理系 | |
|---|---|---|---|---|
| 1位 | コミュニケーション能力① | 80.1% | コミュニケーション能力① | 69.7% |
| 2位 | 熱意② | 32.0% | 熱意② | 32.5% |
| 3位 | 協調性④ | 28.0% | 基礎学力③ | 29.5% |
| 4位 | 明るさ③ | 24.8% | 協調性④ | 27.2% |
| 5位 | 基礎学力⑥ | 24.4% | 専門知識⑤ | 26.6% |
| 6位 | バイタリティー⑤ | 20.1% | 明るさ⑦ | 17.2% |
| 7位 | 一般常識⑦ | 16.3% | バイタリティー⑥ | 16.4% |
| 8位 | ストレス耐性⑧ | 14.9% | 発想の豊かさ⑨ | 14.4% |
| 9位 | 信頼性⑪ | 8.2% | ストレス耐性⑧ | 13.8% |
| 10位 | フットワークの良さ⑫ | 7.8% | 一般常識⑩ | 9.5% |

※○の中は前年同調査の順位　資料出所：株式会社ディスコ「採用活動に関する調査」(2008年10月)

つまり経済学でも社会学でも法学でも何でもよいのですが、専門的な知識を身につけることによって、世界の出来事を自分なりに理解して、説明がつくようになることが求められるのです。

そして一つの専門をきちんと理解すると、世の中に関わっていくための、自分なりの「陣地」あるいは「根拠地」ができます。それを「軸」といってもよいと思いますが、軸があるとかえって他の領域への転換も可能となってくるのです。

就職情報企業の㈱ディスコが調査している「企業が学生に求めるもの」（表）を見ますと、いつもトップは「コミュニケーション能力」です。これは別の会社の類似の調査を見ても同じ結果となっています。その次にくるのがだいたいが「熱意」であり「明るさ」です。

では、コミュニケーション能力とはどんなものでしょう。それは物事を理解する能力と説明する能力のことであり、自分の「根拠地」をもち「軸」をもつことと重なります。

またこの表を見てわかることは、「資格」などは問われていないということです。銀行や証券会社など金融機関に勤めれば、ファイナンシャルプランナーの資格を取らねばなりませんが、その教育システムは会社内に整っています。普通の理解力があれば、なんとかなるものです。

あるいは簿記の何級を取っておくと得だとか、不動産取引主任や旅行業務取扱主任といった資格を取っておいたほうがよいという意見も同様ですが、そのようなものは現実にそのような職場に入ったら取得すればよいのです。医者であるとか弁護士や会計士といった専門職を目指す人は「定型的」な勉強が絶対に必要ですが、社会をほとんど知らない早い段階から「資格」をとっても意味はないといってよいでしょう。

もちろん学校の勉強だけをすればよいと言っているのではありません。学校の勉強は嫌いだけど、映画が徹底して好きだとか、あるいは雑誌を含めて本を読むことが大好きとか、長い休みになると貧乏旅行で世界を歩いている、何か楽器に徹底して狂っている、といったことでもよいのです。というのは、**何かに夢中になれるということは、そのことを通して世界と関わることができるから**です。しかしそういうことのためにも、高校で習う程度の基礎学力は欠かせないものといえるでしょう。

大切なことは、就職活動のテクニックや情報ではありません。自分がどのような勉強をしてきたのか、あるいは何に熱中してきたのか、ということの説明力です。きちんと説明する力があれば、社会にかかわっていくことがより容易になるといえるでしょう。

しかし断っておきますが、すでに指摘したように、奨学金と自分の仕事だけで学校に通った、というようなことなら別ですが、半端な部活やアルバイトは、いくら主観的に「熱中」しても、さしたる評価にはならないようです。

## 「向き」「不向き」と企業の大きさについて

そして、たくさんの悩みや不安を抱えている若者たちに、大人たちは、「会社」を選ぶのではなく「仕事」の内容をよく考えろ、と助言します。しかし、そのようにいう大人たちが、どのような職場生活を生きてきたのかは別なのです。私もそうですが、大人たちは自分の失敗から語ることが多いのです。

とはいえ、たしかに有名大企業ばかりを探すというのは「夢」がなさすぎます。「夢」をもつのは若者の特権ですから、「未知」の「道」を歩もうとする意思や大胆さがあってもよいでしょう。しかし普通の若者にそれを求めても仕方がありません。最初に有名な大企業を選ぼうとするのもよくわかるのです。

多くの若者とその親の職業選択は、まず「安定」と「説明のしやすさ」を基準としています。それはマズローのいう二段階目とかかわっています。つまり「安全への欲求」です。

いつ倒産するかわからないような会社、働くルールもあいまいと思える会社、あるいは「いかがわしさ」をもった会社など、世の中にはお勧めできないところがたくさんあります。また「聞いたこともない会社」に関心をもてないのも当然です。

それに対して証券取引所に上場しているような会社は、そのような不安はありません。事実、大企業は、リストラは別として途中で退職する人が少なく、待遇も平均値を超えています。つまり相対的に「安定した職場」であることは確かなのです。

また大企業は内部に数多くの職種を抱えているので、すでに述べたように、採用した人間の性格や、向き不向きを考慮しながら配属先を決め、また数年ごとの配置転換によって適性を育てる、というキャリア形成の方法をとることができます。それは公務員の場合も同様です。

それに対して中小企業の場合は、大企業と比べると、平均すると安定性に欠けていることは事実です。といっても製造業だけで約五十万社、小売りだと百二十万社もあります。したがって「会社の質」ということを考えると、玉石混淆《ぎょくせきこんこう》そのものであり、大企業のように「平均化」して見ることができません。中小企業は「差」が激しいので、平均ではなく、個別に見る必要があるのです。しかし良い会社を見定める共通項はあります。

この本の中でたくさんの中小企業を紹介しましたが、創業して何年たっているのか、過去数年の営業利益率はどの程度か、中長期の会社の経営方針があるか、社員の平均勤続年数はどのくらいか、そして社長さんが魅力的かどうか、といったことが大事なのです。

## 「自分たちですべてやる」

例えば、福井県の永平寺町《えいへいじちょう》に、㈲幸伸食品《こうしんしょくひん》という、「ごま豆腐」を全国で売っている会社があります。従業員は三十五人と典型的な中小企業ですが、地元では学生に一押しの人気会社です。その理由は以下の通りです。

社長の久保博志《くぼひろし》さん（一九四二年＝昭和十七年生まれ）は地元の大野市の出身で、高校を卒業してから、大阪市にある繊維商社に勤務したあと、奥さんの実家の鮨屋《すしや》を経営し、その後、一九七七年に幸伸食品を設立しました。「幸伸」という社名は、「みんなの幸せを伸ばす」という願いからつけたものです。しかし最初の十年間は屋台での食品販売の商いだったといいます。起業時のターゲットだった、精進料理の基本である「豆腐」の加工販売に乗り出したのは、そのあとでした。

地元の名刹《めいさつ》・永平寺（曹洞宗《そうとうしゅう》）の開祖・道元は、生活そのものが修行であるといったそうですが、寺で作られる精進料理は、豆、胡麻《ごま》、葛《くず》、椎茸《しいたけ》といった素材を、丁寧に調理したものであるところに久保さんは着目しました。

かつて豆腐屋は全国に三万八千軒ありましたが、八〇年の頃には一万二千軒に減っていたというのです。しかしそれゆえ「販路があると思った」とのことでした。「素材の吟味と商品開発、生産システムの設計、マーケティングと、すべて自分たちでやる」ことによってマーケットに打って出たのです。最初から全国に売り出すことが目標でした。そしてそれは大成功しました。

この会社の起業とその成功の物語は、それだけで一つの本になってしまうので、会社の発展についてはこれ以上書きません。ここで紹介したいのは「自分たちですべてやる」という部分です。

工場の立地選び、工場の設計、素材選び、豆腐を加工するラインの設計、遠くまでナマの豆腐を送るパッケージの工夫、商品カタログの原稿からデザインの作成、豆腐料理のアンテナショップ（幸家《さちや》）の調理場からウェイトレス・ウェイターといった仕事、そして新しい豆腐料理という商品開発まで、みんなで考えながら交代でやるのです。

もちろん向き不向きはあるのですが、やってみて初めて、自分にも「こんな仕事ができるのだ」と発見することが多いというのです。きっとそうでしょう。やってみてわかるのが普通なのです。会社内を歩いて話を聞いていると、みな生き生きとしています。

自分の知恵や考えを仕事に反映させる余地がたくさんあるからです。

　この会社は特別な事情がある人を除いて退職者はほとんどいません。またパートの身分の人も数人いますが、その人たちは短い勤務時間や自分の都合に合った勤務を望むことから、自分の意志でパートタイムを選んでいます。ですから仕事の中身も正社員となにも変わりませんし、各種の社会保険にも加入しています。このように何でもやる、決まりきった分担はない、という会社は働きやすくてとてもよいのです。

　学校で「自分にとって働くということ」というテーマでエッセイを書かせると、多くの学生は悩みながら次のような理由を挙げます。

　まず、全員が指摘するのは「生活のために絶対に必要」、あるいは「生きていくために欠かせないこと」の二つの項目です。次に多いのは、「仕事を通して社会と関わり、そのことによって何らかの貢献をすること」や「働くことを通して自分を高めたい」、あるいは「仕事を通して自己を実現したい」、そして「目標をもって生きたい」といった考え方が並びます。

　もちろんこの指摘はすべて「働く」ことの意味として、実にまっとうであると思います。

それゆえ若者は社会に船出するとき、期待と不安に包まれるのです。第一希望をゲットし、うれしくて仕方のない幸運な若者もいるでしょうが、多くは就職先が決まった後でも「本当にこの仕事は自分に向いているのだろうか」と思うもののようです。

では、最後に会社とは何か、働くとは何か、仲間とは何か、といったことについて考えてみましょう。

# 終章　働くということ

## 人と人との信頼関係

「働く」ということについては、すでに数えきれない人たちが論じていますが、そのなかから最も共通した考え方を紹介します。

武田晴人《たけだはるひと》さんは『仕事と日本人』（ちくま新書）のなかで、「人は仕事を通して多くの人たちと出会い、協力し合い、あるいは競い合うことで社会的存在としての自分を見出していきます。労働は社会的存在としての人間にとって、きわめて重要な絆《きずな》をもたらす意味をもっているはずです」といっています。

仕事をすることなしに暮らせる人は、現代ではまれです。人生の大半は仕事と仕事に関連した活動によって過ごしているといってよいでしょう。それゆえ「良い仕事」と「良い職場」を見つけ、かつ自分でも積極的にそれをつくるという作業が求められるのです。

森清さんは『働くって何だ』（岩波ジュニア新書）のなかで、「いい仕事をする人は、仕事を覚え始める人には親切に基本を教えていた」と書いていますが、本当にそうなのです。**仕事ができる人はその中身がよくわかっているので、説明能力がある**のです。しかしどうしても教えられないことがあります。

例えば、金融機関で働いていて、個人ローンや住宅ローンといった仕事であるなら、基本的には融資にかかわる過去のデータによって出来上がったマニュアルで職務は遂行できるでしょう。年収がいくらあって、家族が何人で、どのような会社に勤め、何年勤続し、持ち家かどうか、過去に返済が滞ったことはないか、といった項目を詰めていくと、おのずと「融資額」は決まります。

しかしデータでは仕事にならないことがよくあります。例えば私の取材経験の中で、次のようなことがありました。福岡県の久留米市で一坪のチャレンジ・ショップからスタートして、化粧品の販売とエステのお店を開業しようとした主婦がいました。

彼女は八百万円かかる開業のために必死でお金を集めましたが、四百万円ほど足らずに銀行を訪ね、融資の依頼をしました。最初の銀行には担保がないことや実績がないことで断られました。しかし別の銀行の課長さんが「あんたの働きはこれまで見ていた。あんたを支援したい」といって融資してくれたというのです。

もちろん彼女は数年で全額を返済しましたが、融資を決断した銀行の担当者も立派です。リスクをとって新しいビジネスを支援したのです。それによって彼女も助かり、地域にとっても新しいお店を誕生させることができたのです。こういうことはケースバイケースなので、マニュアルがありません。

もう一つ例を挙げます。大田区にある板金・プレスと金型の先進的な技術で有名なK社が、取引先の商社の非常に不誠実な対応で、一億円近い損害を出してしまいました。裁判になりましたが、相手の商社は大きい会社なので裁判を長引かせてきました。最高裁まで行き、結局七年ほどかかりました。K社はその間、資金繰りに困難な時期があったのですが、地元の銀行が「お宅を潰《つぶ》したら大田区の中小企業はどうなる」といって融資をしてくれたそうです。裁判は全面的に勝利し、お金ももちろん返しました。この会社の社長さんの持つ地域への信用の大きさは、なかなかのものといえます。それを評価する銀行の担当者もまた立派です。

これが何十億円という案件になってきますと、競争相手があるだけではなく、無数の条件がありますから、体験的、経験的に覚えねばならないことがたくさんあります。しかし、**どのようなときでも、問われるのは相手との信頼関係の構築**です。もう一度、上《かみ》伊那《いな》貨物自動車の事例を思い出してください。また、「この人物と一緒に仕事をしたい」という気持ちになってもらえる人物に自分を高めることができるかどうかが問われています。

働くということは長い闘いであるともいえます。時には心が折れそうになることがあります。そのときに必要なのは勁《つよ》い心と、出会いによる人間関係に他《ほか》なりません。繰り返しますが、学校では友達を選べますが、職場では上司や同僚あるいは取引先は選べません。自分自身が周りの目標となるのが理想ですが、良い人と出会うには努力が必要です。

## 誰にも属さない仕事

この話は学生の皆さんには、少し難しいかもしれません。しかしもう少しこの話を続けます。

職場や組織あるいは共同体には必ず「誰《だれ》にも属さない仕事」があります。それを率先してやることが大事なのです。誰かがやるだろうとか、俺《おれ》には関係がない、と皆が避けてしまう仕事に率先してかかわることこそ、良い出会いへの道であり、自分を新しい場所につれて行ってくれる「呼びかけ」なのです。**もし困難な仕事と簡単な仕事があって、どちらかを選ぶことができるなら、ためらうことなく困難な仕事を選ぶことをお勧めします。**それはまちがいなく自分を成長させてくれるでしょう。ラクな仕事が人間を成長させてくれることはありません。

ところでジェンダーという言葉があります。文法上の用語で「性」ですが、一般的には「性」によって社会的・文化的な役割が決まってしまっていて、とくに女性が「女性であることによって、社会的に能力発揮が制約を受けている」あるいは「差別されている」または「役割分担を押し付けられている」という「主張」につながっています。

第3章で紹介した、地方銀行の総合職に採用された女子学生の面接でのやりとりを思い出してください。「女だからと思われないように」という言葉がありました。「男だからと思われないように」とはあまり言いません。

ここではジェンダーの当否は問いません。ただ「働く」ということとの関連で、「家事労働」について考えてみたいと思います。それは上記の「誰にも属さない仕事」と重なっています。

「家事」を「労働」というのも若干のためらいがあります。というのは「誰かに強いられている」わけではないからです。例えば子供を育てるということには、とてもたくさんの苦労をともないます。しかしそれだけかというとそんなことはありません。多くの人にとって育児は喜びであったり、自分自身の成長であったりとプラスの側面のほうがずっと多いと思います。

もともと家事の対価は賃金ではなく、楽しさとか満足感とか、達成感といった精神的なものです。それも社会的な評価がともなわない「自己満足」の世界です。料理が上手であっても、それは家庭内の評価であり、マーケットの評価ではありません。洗濯や掃除といった日常的なこまごまとしたことも、疲れていてうんざりするときには苦労であり苦役でしょう。しかし一方で快適に暮らすのは楽しいという事実もあります。

最近は家事の代行業が発達しているので、「一日五万円で台所、お風呂、トイレといった水回りから、家中の掃除をします」といったサービスもあり、そのようなことから、主婦の仕事を賃金に換算して「年間で三百万円」といった数字が算出されたりもします。

しかし**家事の大切さはこのような数字に置き換えることはできない**と私は思っています。家庭というのは社会を構成する基礎であり、人間の成長は基本的には家庭という共同体の存在が前提となっています。あるいは親の存在といってもよいのですが、家庭を維持するためには「家事という無償の行為」が欠かせません。無償の行為は「属さざる仕事」なのです。家庭と会社（組織）は異なっており、直接には事例として置き換えることはできない部分があるのですが、共同体という側面は同じです。

## 「共同体」としての会社の意味

人は共同体に属することによって存在できます。その中である困難を引き受けることによって、充実感や達成感を得られるのです。ひとは「賞賛」というものを抜きに頑張るのは難しいのです。

洋書の輸入販売会社で長く働いた勢古《せこ》浩爾《こうじ》さんが『会社員の父から息子へ』（ちくま新書）のなかで、とても恥ずかしそうに「勢古さん。おれ、なんでこんなに必死になって仕事してるのかと思ってたけど、わかったよ。おれ、勢古さんにほめてもらいたいんだよ」と同僚に言われたことを書いています。そしてもう一つの例として「かれは、顧客との交渉の過程からの書類の整備、そして納品まで、わたしといっしょにその仕事をしたかったというのであった」と語っている。

勢古さんの文章を読んで私は即座にその事実について納得しました。仕事を続けるということは、取引先や同僚あるいは上司との関係のなかで、無数の困難に遭遇するということでもあるのですが、しかし**全体の一%、二%といった部分のなかに、自分を支える一点があります。その最大のものが、信頼関係なのです。**あるいは誰かを尊敬することであってもよいと思います。繰り返しますが、自分が目標とする「背中」を見つけることであってもよいのです。

長期雇用（終身雇用）や年功序列賃金（生活給の最低保証）に代表される日本型雇用シ

ステムは崩壊したといわれますが、たしかに業績給や評価給の比率が増大しています。しかし「評価の基準と客観性」の測定が難しいため、これまでの処遇の基本は多くの職場で残っています。

日本と違うというアメリカを見ますと、「一九七〇年代までは、平均的な社員の在職期間は日本の水準とさしてかわらなかった」とピーター・キャペリという人が言っています（ピーター・キャペリ／若山由美訳『雇用の未来』日本経済新聞出版社）。

彼によれば、リストラによるダウンサイジング（縮小）が生じ、基本的には一九三〇年代に出来上がった雇用関係が大きく変わってきたのは八〇年代の初頭だそうです。彼は主にホワイトカラーの仕事を論じていますが、たしかに雇用の仕組みは固定していません。いつも部分的に変化しています。日本もそうです。小池和男さんの調査研究（『アメリカのホワイトカラー』東洋経済新報社ほか）を見ると、日本とアメリカはそれほど大きくは異なっていないと言えるでしょう。また、今後も日本の基本は大きくは変わらないと私は思っています。

もし共同体としての会社が、個人の能率と業績を強調しすぎるならば、人は誰にも属さない仕事を回避するでしょう。その中には「後輩を育てる」などということも含まれます。多くの会社の仕事は、会社全体のシステムの中にあり、職務は他の社員との相互依存関係で成り立っています。会社（組織）の永続性には、その会社固有の「スキル」があるものです。そのスキルを社風と言い換えてもよいかもしれません。短期的な能率と業績を求める会社はストレスが多すぎ、長期に見たとき、良い会社とは言えないでしょう。

## 内面からの動機づけ

ところで、世の中には「お金のため」以外の理由では、誰もやらないだろうと言える仕事があります。この場合の例えば、については書きません。世の中には、生きるのはつらいことだ、悲しいことだ、と思いながら取り組む仕事があるものなのです。もちろん職業に貴賤《きせん》はありません。しかしそれをあえて言わねばならないこともまた事実なのです。

人が一生懸命に働くためには、何らかの動機が必要です。それは「外から与えられる動機」と「自分の内面から生ずる動機」とに分かれます。「外から」というのはいうまでもなく、より多くの報酬や地位（出世）を与えられることになります。あるいは逆に、いいかげんであったり、会社に不利益を与えたりしたら罰せられます。こうした動機づけを「賞罰の規定」といいます。

内面からというのは、マズローの説明で十分ですが、もう少し別の見方をしますと、**大切な基本は「いいかげんなことはしない」「相手に不利益になることはしない」といったこと、そして「相手にとってよいこと」をすること**のように思います。

さて最後になりました。働くということの意味を私なりにまとめてみます。「人は他者の評価を必要とする」と繰り返して書きました。このことに関してドラッカーは、「君は何をもって記憶されたいのか」という問いかけを『非営利組織の経営』（上田惇生・田代正美訳、ダイヤモンド社）という本の末尾で紹介しています。

ビジネスや人生に関してドラッカーにはたくさんの名言がありますが、私が立ち止まるのはこの「何をもって記憶されたいのか」という言葉の前です。人は他者との関係の中で生かされています。他者が自分のことをどのように「憶《おも》って」いるのかが気にならない人間はいません。それゆえ人は自分の属する共同体や職場で何らかの努力をするのだと思います。

ともあれ、皆さんが「良い仕事」に就くことを願っています。

# あとがき

この本を書きたいと思ってきました。さまざまな職場あるいは会社を訪れ、経営や仕事についての話を聞くという作業を続けてきましたが、そのことは人々の「生きること」あるいは「暮らし」そのものの聞き取りであるとも考えてきました。

職場での「働き方」「苦労」「工夫」「達成した喜び」「失敗」「仲間のこと」「人間としての成長」といったことを聞き取りながら、職場の「働き者たち」の心情の共通性を描く作業はいつも新しい発見につながっていました。

そのような作業の一方、大学の教師になって十年を過ぎました。その間ずっと学生たちの進路・就職の相談に乗ってきましたが、いつも考えていたのは本書の中心テーマである「良い仕事」とは何か、「良い職場」とはどういう場所なのかということでした。

編集部の山野浩一さんから本書の執筆のお誘いをいただいてから、一年以上の時間がたってしまいました。その間に何度もお会いし討論を続け、何度かの書き直しによってやっと読者に伝えたい「メッセージの輪郭」がはっきりしてきたのは二〇〇九年の夏でした。ラフな原稿が仕上がったところで、ゼミ生とビジネススクールで私の授業に出席している社会人に読んでもらいましたが、思った以上の反応があったので自信をもって書き上げました。

本書を書きながら、たくさんの先生や先輩、あるいは友人たちの「言葉」を思い出しましたが、お礼を申し上げるべき人があまりに多いという事実に改めて驚いています。なんとまあたくさんの人にお世話になったことかと。

十二歳になったルカと、二〇〇八年の暮れに誕生して我が家にやってきたメグの、二匹の猫の折り合いの悪さに、本書の最初の読者である妻・宏子とともに心を痛めながら、またやってきた冬を迎えています。

中沢孝夫

## 参考引用文献

阿部謹也『大学論』日本エディタースクール出版部　一九九九年
石井光太『神の捨てた裸体』新潮社　二〇〇七年
石井光太『絶対貧困』光文社　二〇〇九年
石渡嶺司／大沢仁『就活のバカヤロー――企業・大学・学生が演じる茶番劇』光文社新書　二〇〇八年
大久保幸夫「日本の雇用〈新しい現実〉」（一橋大学イノベーション研究センター『一橋ビジネスレビュー』二〇〇七年WIN.）東洋経済新報社
奥村宏／内橋克人／佐高信編『就職・就社の構造』岩波書店　一九九四年
鎌田慧『自動車絶望工場』現代史出版会　一九七三年
浦坂純子『なぜ「大学は出ておきなさい」と言われるのか――キャリアにつながる学び方』ちくまプリマー新書　二〇〇九年
海老原嗣生『雇用の常識「本当に見えるウソ」』プレジデント社　二〇〇九年

太田　肇『個人尊重の組織論――企業と人の新しい関係』中公新書　一九九六年
神谷美恵子『こころの旅』（神谷美恵子コレクション）みすず書房　二〇〇五年。日本評論社　一九七四年
熊沢　誠『能力主義と企業社会』岩波新書　一九九七年
熊沢　誠『格差社会ニッポンで働くということ』岩波書店　二〇〇七年
小池和男『アメリカのホワイトカラー――日米どちらがより「実力主義」か』東洋経済新報社　一九九三年
小池和男『日本産業社会の「神話」――経済自虐史観をただす』日本経済新聞出版社　二〇〇九年
「厚生労働白書」平成20年版　厚生労働省編　二〇〇八年
小島貴子『就職迷子の若者たち』集英社新書　二〇〇六年
小杉礼子「Business Labor Trend」労働政策研究・研修機構　二〇〇九年十月号
小関智弘『町工場・スーパーなものづくり』筑摩書房　一九九八年
小関智弘『ものづくりに生きる』岩波ジュニア新書　一九九九年
小関智弘『仕事が人をつくる』岩波新書　二〇〇一年

城　繁幸『若者はなぜ3年で辞めるのか――年功序列が奪う日本の未来』光文社新書　二〇〇六年
杉村芳美『「良い仕事」の思想――新しい仕事倫理のために』中公新書　一九九七年
勢古浩爾『会社員の父から息子へ』ちくま新書　二〇〇七年
「大学生の就活編」UniCareer マガジン　ディスコ　二〇〇九年
武田晴人『仕事と日本人』ちくま新書　二〇〇八年
富樫倫太郎『堂島物語』毎日新聞社　二〇〇八年
中沢孝夫／赤池　学『トヨタを知るということ』講談社　二〇〇〇年。日経ビジネス人文庫
夏目漱石『私の個人主義』講談社学術文庫
西垣戸　勝『就職氷河期応援歌――1万本の「添削」から見えたもの』論創社　二〇〇九年
藤沢周平『蟬しぐれ』新潮文庫
松岡正剛『17歳のための世界と日本の見方』春秋社　二〇〇六年
水月昭道『高学歴ワーキングプア――「フリーター生産工場」としての大学院』光文社新

書　二〇〇七年
森健『就活って何だ――人事部長から学生へ』文春新書　二〇〇九年
森清『働くって何だ――30のアドバイス』岩波ジュニア新書　二〇〇六年
横山源之助『日本の下層社会』岩波文庫
吉田勝次『アジアの民主主義と人間開発』日本評論社　二〇〇三年
吉野源三郎『君たちはどう生きるか』岩波文庫
吉村昭『ポーツマスの旗』新潮文庫
「労働経済白書」平成20年版　厚生労働省編　二〇〇八年
A・H・マズロー／小口忠彦訳『人間性の心理学』産業能率大学出版部　一九八七年
ピーター・キャペリ／若山由美訳『雇用の未来』日本経済新聞出版社　二〇〇一年
ロナルド・ドーア／石塚雅彦訳『働くということ』中公新書　二〇〇五年
ロナルド・ドーア『誰のための会社にするか』岩波新書　二〇〇六年
P・F・ドラッカー／上田惇生訳『現代の経営』（上）ダイヤモンド社　二〇〇六年
P・F・ドラッカー／上田惇生・田代正美訳『非営利組織の経営』ダイヤモンド社　一九

九一年

015 お金持ちになれる人 邱永漢
どうしたらお金持ちになれるのか？ それは足元に落ちている一円玉を拾うことからはじまります。景気の動向を見きわめて、貯め、儲け、ふやす極意を伝授。

055 ニッポンの心意気 ――現代仕事カタログ 吉岡忍
サラリーマンかフリーターか――現代ニッポンの職業観に、異議あり！ この国は、実にバラエティに富んだ仕事人で溢れている。働く意欲が湧いてくる一冊。

080 「見えざる手」が経済を動かす 池上彰
市場経済は万能？ 会社は誰のもの？ 格差問題の解決策は？ 経済に関するすべてのギモンに答えます！「見えざる手」で世の中が見えてくる。待望の超入門書。

091 手に職。 森まゆみ
職人たちはなぜその仕事を選んだのか。仕事のどこが大変で、どうやって一人前になったか。理屈では語れないモノつくりの世界の喜びが、その人生談から滲み出す。

094 景気ってなんだろう 岩田規久男
景気はなぜ良くなったり悪くなったりするのだろう？アメリカのサブプライムローン問題が、なぜ世界金融危機につながるのか？ 景気変動の疑問をわかりやすく解説。

100 経済学はこう考える 根井雅弘
なぜ経済学を学ぶのか？「冷静な頭脳と温かい心」「豊富のなかの貧困」など、経済学者らは様々な名言を残してきた。彼らの苦闘のあとを辿り、経済学の魅力に迫る。

102 独学という道もある 柳川範之
高校へは行かずに独学で大学へ進む道もある。通信大学から学者になる方法もある。著者自身の体験をもとに、自分のペースで学び、生きていくための勇気をくれる書。

# ちくまプリマー新書

088
進化論の5つの謎
——いかにして人間になるか
船木亨
原始細胞はどのように発生したのか。多細胞生物はなぜ出現したたか。大分類は？　意識は？　理性は？　「進化論」の5つの謎に迫り、人間として生きる意味を問う。

113
中学生からの哲学「超」入門
——自分の意志を持つということ
竹田青嗣
自分とは何か。なぜ宗教は生まれたのか。なぜ人を殺してはいけないのか。満たされない気持ちの正体は何なのか……。読めば聡明になる、悩みや疑問への哲学的考え方。

111
負けない
勢古浩爾
「勝ち組・負け組」という分け方には否を唱えたい。「強いか弱いか」「損か得か」だけで判断しない。「美しいか醜いか」を見失わない。それが「負けない」である。

041
日本の歴史を作った森
立松和平
法隆寺や伊勢神宮などの日本の木造文化は、豊かな森により支えられてきた。木曾ヒノキが辿った歴史を振り返りながら三百年後の森を守ることの意味を問いかける。

086
若い人に語る戦争と日本人
保阪正康
昭和は悲惨な戦争にあけくれた時代だった。本書は、戦争の本質やその内実をさぐりながら、私たち日本人の国民性を知り、歴史から学ぶことの必要性を問いかける。

110
百姓たちの江戸時代
渡辺尚志
江戸時代の人口の八割は百姓だった。私たちの祖先であるかれらは、何を食べ、どのように働き、暮らしていたのだろう？　歴史に学び、今の生活を見つめなおす。

005
事物はじまりの物語
吉村昭
江戸から明治、人々は苦労して新しいものを取り入れ、初めてのものを作りだした。歴史小説作家が豊富な史料を駆使して書いたパイオニアたちのとっておきの物語。

## ちくまプリマー新書

003 死んだらどうなるの？ 玄侑宗久
「あの世」はどういうところか。「魂」は本当にあるのだろうか。宗教的な観点をはじめ、科学的な見方も踏まえて、死とは何かをまっすぐに語りかけてくる一冊。

043 「ゆっくり」でいいんだよ 辻信一
知ってる？ ナマケモノが笑顔のワケ。食べ物を本当においしく食べる方法。デコボコ地面が子どもを元気にするヒミツ。「楽しい」のヒント満載のスローライフ入門。

048 ブッダ——大人になる道 アルボムッレ・スマナサーラ
ブッダが唱えた原始仏教の言葉は、合理的でとってもクール。日常生活に役立つアドバイスが、たくさん詰まっています。今日から実践して、充実した毎日を生きよう。

082 古代から来た未来人 折口信夫 中沢新一
古代を実感することを通して、日本人の心の奥底を開示した稀有な思想家・折口信夫。若い頃から彼の文章に惹かれてきた著者が、その未来的な思想を鮮やかに描き出す。

002 先生はえらい 内田樹
「先生はえらい」のです。たとえ何ひとつ教えてくれなくても。「えらい」と思いさえすれば学びの道はひらかれる。——だれもが幸福になれる、常識やぶりの教育論。

028 「ビミョーな未来」をどう生きるか 藤原和博
「万人にとっての正解」がない時代になった。勉強は、仕事は、何のためにするのだろう。未来を豊かにイメージするために、今日から実践したい生き方の極意。

099 なぜ「大学は出ておきなさい」と言われるのか——キャリアにつながる学び方 浦坂純子
将来のキャリアを意識した受験勉強の仕方、大学の選び方、学び方とは？ 就活を有利にするのは留学でも資格でもない！ データから読み解く「大学で何を学ぶか」。

## ちくまプリマー新書

024
# 憲法はむずかしくない
池上彰
憲法はとても大事なものだから、変えるにしろ、守るにしろ、しっかり考える必要がある。そもそも憲法ってなんだろう？　この本は、そんな素朴な質問に答えます。

064
# 民主主義という不思議な仕組み
佐々木毅
誰もがあたりまえだと思っている民主主義。それは、本当にいいものなのだろうか？　この制度の成立過程を振り返りながら、私たちと政治との関係について考える。

059
# データはウソをつく
――科学的な社会調査の方法
谷岡一郎
正しい手順や方法が用いられないと、データは妖怪のように化けてしまうことがある。本書では、世にあふれる数字や情報の中から、本物を見分けるコツを伝授する。

074
# ほんとはこわい「やさしさ社会」
森真一
「やさしさ」「楽しさ」が善いとされ、人間関係のルールである現代社会。それがもたらす「しんどさ」「こわさ」をなくし、もっと気楽に生きるための智恵を探る。

079
# 友だち幻想
――人と人の〈つながり〉を考える
菅野仁
「みんな仲良く」という理念、「私を丸ごと受け入れてくれる人がきっといる」という幻想の中に真の親しさは得られない。人間関係を根本から見直す、実用的社会学の本。

095
# 目と耳と足を鍛える技術
――初心者からプロまで役立つノンフィクション入門
佐野眞一
脳みそに汗かいて考えろ！　世の中を一つ余さず凝視し、問題意識を身につける技術とは？　日本の戦後史、平成史を縦横無尽に俯瞰しながらその極意を伝授する。

122
# 社会学にできること
西研
菅野仁
社会学とはどういう学問なのか。社会を客観的にとらえるだけなのか。古典社会学から現代の理論までを論じ、自分と社会をつなげるための知的見取り図を提示する。

## ちくまプリマー新書

123
ネットとリアルのあいだ
――生きるための情報学
西垣通
現代は、デジタルな情報がとびかう便利な社会である。にもかかわらず、精神的に疲れ、ウツな気分になるのはなぜか？　人間の心と身体を蘇らせるＩＴの未来を考える。

117
若者の「うつ」
――「新型うつ病」とは何か
傳田健三
若い人たちに見られる「新型うつ」とはどのようなものか。かかりやすい体質や性格があるのだろうか。思春期のうつに、気づき、立ち直るための対処法を解説する。

124
君も精神科医にならないか
熊木徹夫
精神科医は言葉というメスを使い治療を行う。薬を処方するとき患者の何を見つめているか。精神医療の先入観を覆し、道なき〈臨床道〉を温かく照らす誘いと挑発の書。

027
世にも美しい日本語入門
安野光雅
藤原正彦
七五調のリズムから高度なユーモアまで、古典と呼ばれる文学作品には、美しく豊かな日本語があふれている。若い頃から名文に親しむ事の大切さを、熱く語り合う。

051
これが正しい！　英語学習法
斎藤兆史《よしふみ》
英語の達人になるには、文法や読解など、基本の学習が欠かせない。「通じるだけ」を超えて、英語の楽しみを知りたい人たちへ、確かな力が身につく学習法を伝授。

097
英語は多読が一番！
クリストファー・ベルトン
渡辺順子訳
英語を楽しく学ぶには、物語の本をたくさん読むのが一番です。単語の意味を推測する方法から、レベル別本の選び方まで、いますぐ実践できる、最良の英語習得法。

001
ちゃんと話すための敬語の本
橋本治
敬語ってむずかしいよね。でも、その歴史や成り立ちがわかれば、いつのまにか大人の言葉が身についていく。これさえ読めば、もう敬語なんかこわくない！

## ちくまプリマー新書

052 話し上手　聞き上手　齋藤孝
人間関係を上手に構築するためには、コミュニケーションの技術が欠かせない。要約、朗読、プレゼンテーションなどの課題を通じて、会話に必要な能力を鍛えよう。

053 物語の役割　小川洋子
私たちは日々受け入れられない現実を、自分の心の形に合うように転換している。誰もが作り出し、必要としている物語を、言葉で表現していくことの喜びを伝える。

062 未来形の読書術　石原千秋
私たちは、なぜ本を読むのだろう。「読めばわかる」というレベルを超えて、世界の果てまで「自分」を追いかけていく、めまいがしそうな試みこそ、読書の楽しみだ。

071 現代日本の小説　尾崎真理子
春樹&ばななが与えたインパクトと電子機器の進化によって、日本人の文学的感受性は劇的に変貌していった。小説は、日本語表現はどこに向かって進んでいるのか。

106 多読術　松岡正剛
読書の楽しみを知れば、自然と多くの本が読めます。著者の読書遍歴をふりかえり日頃の読書の方法を紹介。さまざまな本を交えながら、多読のコツを伝授します。

108 若いうちに読みたい太宰治　齋藤孝
自意識との葛藤や社会との距離感で心が苛まれる人間の様子を、豊かに表現した太宰治。人生の壁に打ち当たったときに読みたい十八作品の魅力を、縦横無尽に語る！

109 女が読む太宰治　筑摩書房編集部編
作家のあり方、恥の作法、愛され方、文章でイク法、妻のあり方、小説の書き方。たとえ反面教師であれ全て彼が教えてくれた！　12人の現在女性が読む新しいダザイ。

# ちくまプリマー新書

026
君はレオナルド・ダ・ヴィンチを知っているか　布施英利
偉大な科学者で、世界一の画家。その魅力は、今も輝き続けている。残された名画とメモを頼りに、彼の足跡を辿ってみよう。君の人生のお手本にもなるはずだ。

035
俳優になりたいあなたへ　鴻上尚史
女優・男優を夢見る若者に、できる限り具体的でわかりやすい方法論をしめす一方、俳優で生活していくことの現実も伝える。合理的で、やさしさにあふれた手引書。

045
夢みるクラシック　交響曲入門　吉松隆
切ない恋の思い出。壮大な大自然の絵巻。そして扉を叩く運命の音。交響曲の世界はドラマに満ち溢れている。初心者もたちまちとりこにするクラシック入門決定版！

049
君はピカソを知っているか　布施英利
世界の美を変えた男、ピカソ。挑戦と破壊に満ちた絵画の裏側には、歴史と伝統も脈打っている。華々しい革命児の人生を辿りながら西洋美術の基礎も学べる入門書。

057
クリエイター・スピリットとは何か？　杉山知之
日本のデジタルコンテンツは世界が認める文化。環境も需要も、本場だからこそ揃っている。何かを表現したい君、迷わずクリエイターをめざせ！　元気になる入門書。

058
音楽を「考える」　茂木健一郎　江村哲二
私たちはなぜ音楽を「聴く」のか？　オーケストラが奏でる美しきメロディは「いかに生きるか」を問いながら鳴り響く。脳科学者と作曲家が語り尽くす豊饒な世界。

107
京都美術鑑賞入門　布施英利
日本美術といえば仏像、絵画、建築、庭園、茶。京都という「美術館」を名所編、分野編、人物編に分けて案内しよう。金閣寺や龍安寺の美の構造もわかる！

chikuma primer shinsho


ちくまプリマー新書126

就活《しゅうかつ》のまえに　良《よ》い仕事《しごと》、良《よ》い職場《しょくば》とは？

二〇一〇年一月十日　初版第一刷発行
二〇一二年一月十五日　初版第五刷発行

著者　中沢孝夫（なかざわ・たかお）
装幀　クラフト・エヴィング商會
発行者　熊沢敏之
発行所　株式会社筑摩書房
東京都台東区蔵前二-五-三　〒一一一-八七五五
振替〇〇一六〇-八-四一二三
印刷・製本　中央精版印刷株式会社

ISBN978-4-480-68830-9 C0237 Printed in Japan



乱丁・落丁本の場合は、左記宛にご送付下さい。
送料小社負担でお取り替えいたします。
ご注文・お問い合わせも左記へお願いします。
〒三三一-八五〇七　さいたま市北区櫛引町二-六〇四
筑摩書房サービスセンター　電話〇四八-六五一-〇〇五三